Michel Cool

Retrouver l'enthousiasme

D'APRÈS UNE RETRAITE
À L'ABBAYE DE CÎTEAUX

SALVATOR

Toutes les citations bibliques mentionnées dans cet ouvrage sont issues de la *Traduction liturgique de la Bible avec notes explicatives* (Éditions Salvator, Paris, 2020).

Yves Briend Éditeur, SA
103 rue Notre-Dame-des-Champs F-75006 Paris
www.editions-salvator.com
contact@editions-salvator.com

Maquette intérieure : Atlant'Communication
Maquette couverture : Nord Compo

ISBN : 978-2-7067-2039-0

En mémoire de Thierry Min (1970-2020)

« Tes branches veulent voir
le soleil de plus près ! »
Charles Baudelaire

« Je suis enthousiaste d'abord,
je réfléchis ensuite. »
Gérard Philipe

« J'ai appris à vivre serein
dans le buisson d'épines des questions. »
Jean Sulivan

Avant-propos

Genèse douloureuse

Ce livre s'inspire d'une retraite que j'ai animée pour des prêtres mosellans. Jean-Christophe Lagleize, évêque de Metz, avait souhaité qu'elle parlât de l'esprit missionnaire de Paul VI, souvent exalté par le pape François. Mon livre sur le pape du Concile[1] orienta l'évêque dans sa quête d'un conférencier. J'acceptai sa sollicitation, quoique surpris et un peu tremblant devant la perspective, totalement inédite pour moi, de « plancher », en simple laïc, devant un aréopage de pasteurs rompus souvent eux-mêmes à cet exercice.

La retraite se déroula en Bourgogne[2] dans le cadre historique de l'abbaye de Cîteaux : au

---

1. Michel Cool, *Paul VI prophète. Dix gestes qui ont marqué l'histoire*, Salvator, Paris, 2018.
2. Du 2 au 6 mars 2020.

XIIe siècle, l'ordre cistercien y prit son essor à l'instigation de saint Bernard de Clairvaux. Ce temps de méditation s'écoula durant presque une semaine, rythmé par deux conférences quotidiennes, dans une ambiance que je qualifierais d'amicale. Nous cheminâmes en baptisés, en pèlerins, sur les traces d'un valeureux disciple missionnaire du Christ dont nous récoltions ensemble les semailles. Et il nous apparut limpide, au fil de notre compagnonnage, que le mot du dictionnaire qui correspondait le mieux au style de vie chrétienne de Jean-Baptiste Montini, alias Paul VI, était « enthousiasme ».

Je ne suis pas prêt d'oublier cette retraite sacerdotale ! Elle représente une expérience singulière et inattendue de fraternité humaine et spirituelle. Cette fraternité ne s'embarrassa pas de notre diversité générationnelle et culturelle, de ces différences d'âge et de sensibilité qui rendent impossibles le dialogue dans beaucoup de nos réunions civiles ou religieuses. Elle se nourrit plutôt, avec délectation, de la prière des moines, leurs offices ponctuant notre récollection comme des oasis désaltérantes. Je ne remercierai jamais assez l'évêque de Metz d'avoir pris le risque de me faire signe, d'avoir eu l'audace de me donner carte blanche pour « accompagner » des prêtres de son diocèse, et plus encore de m'avoir entraîné dans cette aventure fraternelle.

Pourquoi publier le récit de cette retraite ? D'abord pour répondre à une demande : celle de ceux qui n'avaient pu être présents à Cîteaux. Ensuite pour aller au bout d'une intuition qui m'habitait : l'enthousiasme n'était plus de saison maintenant qu'une crise, une catastrophe, en chassait vite une autre. Peut-être était-il bon de réhabiliter l'enthousiasme, de le promouvoir comme un antidote aux poisons du découragement et de l'apathie – ces maladies de la résignation inoculées aux gens par des discours assommants qui, sous couvert de prêcher le dieu Janus du réalisme et de la raison, assignent ceux qui les écoutent à la soumission au malheur et à l'emprise du cynisme. Tant pis, pensais-je en me mettant à l'écriture, si cet essai à contre-courant me vaut d'être taxé de « ravi » ou de candide ! La liberté intérieure souffre l'ironie et le sarcasme ! Et peut-être pourra-t-elle soulager mes semblables qui se sentent embastillés par un climat général déprimant, par un air du temps maussade.

« Ma vie est déjà pleine de morts »

Et puis, patatras ! Dix jours après la retraite à Cîteaux, la pandémie du coronavirus ravageait la France, et je me retrouvai confiné dans mon foyer comme des millions de concitoyens. Je fis alors, pour de longues semaines, l'amère expérience d'être empoisonné par les mêmes venins contre lesquels je me croyais immunisé par le remède et le don miraculeux de l'enthousiasme : je souffris du tourment et de l'angoisse d'être séparé de mes proches et du monde. L'impossibilité de pouvoir visiter ma vieille maman, confinée dans un EHPAD lointain, accentuait mes impressions d'impuissance et de culpabilité. Par la suite, la mort s'engouffra dans ma maison, emportant une belle-sœur, terrassée par une rupture d'anévrisme, puis un long cortège d'amis, de collègues et de connaissances, décimés pour la plupart par le virus. Hébété, comme évidé de l'intérieur, je murmurais, tel un mantra désespéré, la citation de Georges

Bernanos: «Ma vie est déjà pleine de morts[1].» Pour des raisons de salubrité publique, tous ces deuils survenus pendant le confinement, il fallut les «vivre» à distance, à l'écart des défunts et des familles, avec, pour communier avec eux, le seul recours de la prière, devenue comparable à une «terre aride, altérée, sans eau» (Ps 62, 2).

Dans cette situation, comment poursuivre mon projet d'écriture? Mon enthousiasme était en berne. Ma source s'était tarie. Mon puits n'avait plus d'eau. C'est alors que… Une nouvelle tragédie me tira paradoxalement de ma sidération. À la fin de l'été, l'évêque de Metz m'informa délicatement qu'un prêtre ayant participé à la retraite de Cîteaux avait mis fin à ses jours. À cette annonce, je fus anéanti comme si une bombe atomique avait pulvérisé mon for intérieur. Je me souvins que c'était lui, Thierry, qui, mandaté par son évêque, m'avait contacté le premier. Durant la récollection, il s'était montré fidèle à l'image qu'a donnée de lui son entourage: celle d'un quinquagénaire attentif et attentionné s'entourant de discrétion.

1. Citation extraite de la préface du livre de Georges Bernanos, *Les grands cimetières sous la lune*, Seuil, coll. «Points signatures», Paris, 2014.

Je me sentis concerné, comme beaucoup. Responsable même. Ce suicide ne démentait-il pas violemment le message de la retraite ? Ne renvoyait-il pas son animateur à un sévère examen de conscience sur sa prétention et ses illusions ? Ma vie est déjà pleine de personnes suicidées. Face à ces déchirures irrémédiables, j'ai appris à survivre en consentant au mystère de l'homme et au silence de Dieu.

Dans la nuit sans étoiles

Or le silence de Dieu est étrangement éclairant quand on sait l'écouter au milieu des ténèbres. Un verset du livre vétérotestamentaire de Judith, que je lus alors pour chercher du réconfort, m'apporta un peu de la clarté dont j'étais privé pour passer cette épreuve : « De même qu'il les fit passer par le feu de l'épreuve pour scruter leurs cœurs, le Seigneur ne cherche pas à nous punir. S'il flagelle ceux qui s'approchent de lui, c'est pour leur donner un avertissement » (Jdt 8, 27). Comment comprendre ce verset et sa résonance dans notre actualité tourmentée ? Comme un père absolument aimant, accaparé par le visage de ces hommes où se reflète le sien, Dieu sonde sans répit le cœur de ses enfants en proie à de grandes détresses, espérant que, dans la nuit sans étoiles qui les oppresse, ils rattrapent la main qu'il leur tend ; sa main de père, celle qu'ils avaient quittée. Dieu n'a pas voulu la mort des milliers de victimes de la covid 19 dans notre pays et dans le monde. Il n'a pas voulu la mort de Thierry, pas plus qu'il n'a voulu celles de Jacqueline, Henri, Jacques et des autres qui m'avaient été ôtés les semaines précédentes. Non, Dieu ne veut pas la mort de ses enfants proches ou lointains. Il n'attend pas des survivants qu'ils se montent contre lui, mais qu'ils le reconnaissent, le redécouvrent et l'appellent tendrement par son nom : Père. Dieu, lui, n'oublie jamais son nom de Père, même et surtout quand « le monde difficile des humains[1] » l'oublie ou l'ignore.

Grâce à cette méditation, j'ai retrouvé la main du Père que j'avais perdue, égarée dans la tourmente. J'ai retrouvé l'enthousiasme que cet amour paternel démesuré sait prodiguer

1. Citation de l'hymne cistercienne *Nous ne savons pas ton mystère* chantée à vigiles et aux vêpres pour la fête du Sacré-Cœur.

à foison. J'ai retrouvé l'allant qui m'avait transporté et animé à Cîteaux. J'ai retrouvé le chemin de l'écriture et la joie d'écrire quand elle se sait guidée par une main sûre. La genèse de ce livre fut douloureuse. Pouvait-il en être différemment pour une entreprise proposant de retrouver l'enthousiasme ? Ne fallait-il pas que l'auteur soit lui-même éprouvé pour éviter d'être un de ces « faux berger » et imposteurs stigmatisés à juste raison par les Évangiles ?

La genèse de ce livre lève déjà un peu le voile sur le grand secret de l'enthousiasme, dans son acception chrétienne ô combien paradoxale, qu'on dévoilera dans les pages suivantes. Entièrement fidèle à l'esprit de ce qui s'est transmis à Cîteaux, cet ouvrage a néanmoins incorporé des ajouts inspirés par le cours des événements. Il est naturellement dédié à Thierry, parce qu'il a été là, tout au commencement de la retraite inoubliable de Cîteaux et parce que, je le crois, il connaît maintenant l'enthousiasme sans fin des enfants du paradis.

Prologue

Retrouver l'enthousiasme

QUEL enthousiasme allons-nous rechercher dans ce livre ? L'enthousiasme médiatique que provoquent le scoop et la popularité ? L'enthousiasme économique que développent la prospérité et la conquête ? L'enthousiasme idéologique que suscitent la politique et la philosophie ? L'enthousiasme technologique que créent l'ingéniosité et la prouesse ? L'enthousiasme scientifique que stimulent la découverte et le progrès ? L'enthousiasme intellectuel que procurent l'intelligence et la recherche ? L'enthousiasme esthétique qu'inspirent la beauté et la virtuosité ? L'enthousiasme artistique que soulèvent la créativité et la sensibilité ? L'enthousiasme sportif qu'entraînent la performance et la victoire ? L'enthousiasme amoureux qu'engendrent la séduction et le désir ?

Tous ces enthousiasmes – j'en passe évidemment une ribambelle – sont intéressants et respectables. Tous, ils témoignent de notre soif insatiable de satisfaction et d'admiration. Tous, ils sont capables du meilleur quand ils contribuent à nous élever, à nous relier les uns aux autres et à nous faire vivre des moments de communion exceptionnels dans notre humanité. Tous aussi, ils sont capables du pire, quand ils nous rabaissent, nous dressent les uns contre les autres et nous asservissent à nos plus bas instincts. Nos enthousiasmes doivent constamment faire l'objet de la plus extrême vigilance pour qu'ils ne dérivent pas en comportements frénétiques, en sources d'intolérance et de violence.

L'enthousiasme qui nous intéresse dans ce livre n'échappe pas à cette règle de vigilance. Nous le verrons, il est exposé comme les autres. Il s'agit de l'enthousiasme spirituel. Cette expression est en réalité un pléonasme. L'étymologie grecque d'enthousiasme, *enthousiasmos*, signifie transport divin. Il est bon de le rappeler quand ce mot est galvaudé pour parler d'excès, d'extravagances et de débordements joyeux mais qui sont dépourvus à l'évidence d'inspiration divine. Par ailleurs, est spirituel ce qui relève de l'âme, émanation elle-même d'un principe supérieur nommé Dieu. Par conséquent, dans son acception étymologique, l'enthousiasme est l'indicateur par excellence de la présence chez un être d'une vie intérieure comblée de grâces. Toutes les grandes religions et traditions spirituelles de l'humanité ont inspiré des enthousiastes et créé de l'enthousiasme. Les temples et les pyramides, les pagodes et les mosquées, les églises et les cathédrales témoignent avec majesté de cet enthousiasme bâtisseur, plusieurs fois millénaire, qui continue de nous inspirer aujourd'hui des sentiments enthousiasmants.

Abus sexuels et spirituels

Avant d'aborder la signification chrétienne de l'enthousiasme, revenons un instant sur le péril précité de frénésie auquel il n'échappe pas. Les abus sexuels, spirituels et de pouvoir qui ont été commis durant les dernières décennies sur des personnes vulnérables par des membres du clergé et du laïcat catholiques forment un scandale historique considérable.

Ces crimes et ces déviances altèrent gravement et durablement la respectabilité de l'Église et la crédibilité de tous ses membres. Ces fautes compromettent aussi la transmission du message chrétien qui a été sali et trahi par ceux dont c'était justement le devoir d'en être des messagers incorruptibles et compatissants. On se méfiera pour longtemps des témoins paraissant animés du « feu de Dieu », selon une expression métaphorique de l'enthousiasme. On les suspectera de dissimuler une autorité et un dessein beaucoup moins inspirés et purs que ceux affichés par leur « air plus sauvé[1] ». À moins, bien sûr, que l'Église se réformant sans cesse pour ressembler à son Seigneur, ne se donne les moyens de démasquer à la source les imposteurs puis les empêche de nuire et de faire souffrir des innocents. Parallèlement, elle devra se remettre à l'ouvrage pour former et certifier à nouveaux frais des nouvelles générations de défricheurs et de semeurs, sans se dispenser de l'éclairage des sciences humaines, bibliques et patristiques, et sans non plus avoir

1. Friedrich Nietzsche dans *Ainsi parlait Zarathoustra* : « Il faudrait que ses disciples aient un air plus sauvé ! »

tiré toutes les leçons des témoignages rendus par les victimes de ces faux enthousiastes.

Mais alors, comment reconnaître un enthousiaste vrai ? L'enthousiaste, dit spirituel, sait qu'il est dépositaire d'un don, d'un cadeau, d'une grâce. Il ne possède pas sa vie spirituelle, mais il est possédé par elle. Nul ne peut lui ôter, si ce n'est le Maître de cette vie qui la lui a confiée. Cette prise de conscience aiguë, responsable, de ne pas être propriétaire, mais simplement locataire de cette lumière intérieure, est un garde-fou contre toute tentation d'excéder son enthousiasme et de l'imposer violemment à autrui. « L'humilité est la force la plus formidable qui puisse exister au monde[1] », a reconnu un leader du XXe siècle. On reconnaît la sincérité et la véracité d'un enthousiasme à la force insubmersible de son humilité.

1. Dag Hammarskjöld (1901-1961), diplomate suédois, fut secrétaire général de l'ONU de 1953 à 1961.

L'ange de Reims et Benoît Labre

Comment définir l'enthousiasme chrétien? Sa définition la plus éloquente se trouve sous la plume de saint Paul. L'apôtre des païens n'a pas son pareil pour transmettre son expérience personnelle d'homme spirituel aux communautés destinataires de ses lettres. Dans sa correspondance épistolaire passionnée avec les Galates, il énumère ainsi les dons qu'il a reçus après sa conversion fulgurante au Christ sur le chemin de Damas: «Voici le fruit de l'Esprit: amour, joie, paix, patience, bonté, bienveillance, fidélité, douceur et maîtrise de soi» (Ga 5, 22-23). À ses lecteurs distraits par les harangues de faux apôtres itinérants qui circulent dans cette partie de la Turquie, Paul rappelle l'amplitude de l'onde de choc qui le désarçonna en allant vers la Syrie: en un éclair, le persécuteur féroce des chrétiens qu'il était, devint un disciple énamouré du Christ. Dans sa chair – il tomba de sa monture et perdit la vue –, il fit l'expérience d'être vaincu par «la douce violence de l'amour du Christ». C'est pourquoi il écrit aux Galates: «Ceux qui sont au Christ Jésus ont crucifié en eux la chair, avec ses passions et ses convoitises. Puisque l'Esprit nous fait vivre, marchons sous la conduite de l'Esprit. Ne cherchons pas la vaine gloire» (Ga 5, 24-26). Ces versets nous renseignent sur la quintessence de l'enthousiasme chrétien tel que Paul l'a incarné jusqu'au martyre : les dons qu'il prodigue sont aux antipodes des excitations, emballements et délires qu'on prend couramment pour de l'enthousiasme.

Pour Paul, l'expérience vitale de l'enthousiasme est une source incomparable de mûrissement personnel dans la constance, l'amitié, la pondération, le don de soi, l'équanimité, la tendresse, la justesse, la compassion, l'allégresse, la modestie et dans la vibration à tous les sentiments humains, qu'on appelle l'empathie. L'enthousiasme chrétien n'est ni une griserie ni une furie, mais une illumination intérieure, reconnaissable à l'extérieur par un style de vie qui ressemble à un sourire. L'ange au sourire, dont la célèbre statue du XIIIe siècle orne le portail nord de la cathédrale de Reims, pourrait en être l'icône. Son sourire, rescapé de toutes les avanies de l'histoire, est à la fois enfantin et serein. Son espièglerie mystérieuse fascinait le métaphysicien agnostique André Malraux autant que le sourire énigmatiquement doux des bouddhas khmères. L'ange et le bouddha représentaient pour lui deux figures culturelles d'une quête humaine avide et inconsolable de paix et de bonheur intérieurs.

Ensuite, nous dit Paul, l'enthousiaste chrétien ne cherche à retenir et à posséder dans sa vie que le Christ : il est venu à sa rencontre et son esprit de vérité chemine avec lui jusqu'au dernier jour. L'enthousiaste selon le cœur du Christ est donc un disciple pourvu de l'esprit de pauvreté. Cette béatitude de l'humilité suprême est incarné par un moine raté du XVIIIe siècle qui erra en haillons sur les routes d'Europe, en chantant la gloire de Dieu et en vivant la condition sordide des misérables de son temps. J'évoque ici mon vénéré compatriote artésien, Benoît-Joseph Labre. Il est l'icône de l'enthousiasme chrétien qui prend vraiment au sérieux l'Évangile, en l'adoptant dans un style radical de vie et en s'abandonnant à la grâce sans jamais demander son reste.

Figures pour temps de crises

Comment retrouver cet enthousiasme que l'apôtre des nations, l'ange rémois et le gueux inspiré expriment à leur manière ? Nous nous y exercerons dans cet ouvrage en prenant modèle sur des figures spirituelles pour temps de crises. Ces hommes et ces femmes, pétris de la même glaise que la nôtre, ont particulièrement souffert les désagréments et les vicissitudes de leur époque, en démontrant, sans effet spectaculaire, une fidélité et une pauvreté qui ont nourri leur endurance et leur charité. Dans l'ordinaire des jours les plus lourds, ils ont fait passer autour d'eux une brise légère qui n'est autre que celle de la « joie parfaite », celle qu'exposa François d'Assise à son compagnon de route, Frère Léon. Après lui avoir fait miroiter tous les avantages et bénéfices qu'on peut retirer de la foi, le Poverello mit en garde son frère en religion contre la confusion de son autosatisfaction personnelle et la glorification de Dieu qui passe par le don de soi et la discrétion jusqu'à l'effacement :

> Au-dessus de toutes les grâces et dons de l'Esprit saint que le Christ accorde à ses

amis, il y a celui de se vaincre soi-même, et de supporter volontiers pour l'amour du Christ les peines, les injures, les opprobres et les incommodités ; car de tous les autres dons de Dieu nous ne pouvons nous glorifier, puisqu'ils ne viennent pas de nous, mais de Dieu, selon que dit l'Apôtre : « Qu'as-tu que tu ne l'aies reçu de Dieu ? Et si tu l'as reçu de lui, pourquoi t'en glorifies-tu comme si tu l'avais de toi-même ? » Mais dans la croix de la tribulation et de l'affliction, nous pouvons nous glorifier parce que cela est à nous, c'est pourquoi l'Apôtre dit : « Je ne veux point me glorifier si ce n'est dans la croix de notre Seigneur Jésus-Christ. »[1]

Une figure en particulier jalonnera notre recherche : celle de Jean-Baptiste Montini. Pourquoi lui ? Non pas parce qu'il est devenu le pape Paul VI. Ni même parce qu'il a été proclamé saint en 2018. Mais parce que c'est un homme qui a beaucoup souffert durant sa vie (1897-1978) et bataillé contre lui-même pour demeurer dans la joie parfaite. Né dans une famille aisée de l'Italie du Nord, il fut un enfant chérif et un jeune homme maladif que la

1. *Fioretti* de saint François d'Assise.

mort faillit emporter à 20 ans. Doué d'une vive intelligence assortie d'une grande discrétion, il fut propulsé dans la hiérarchie de l'Église où sa modestie souffrit beaucoup du carriérisme et des rivalités mesquines qui y régnaient. Nommé archevêque de Milan, son dynamisme pastoral se heurta à l'indifférence et à la résistance de la mentalité matérialiste et consumériste. Élu pape, il mena suite au concile Vatican II (1962-1965) un train de réformes considérable essuyant critiques, calomnies et ingratitudes qui perdurent même après sa mort. Montini est enfin notre contemporain, parce qu'il a été un dirigeant en prise avec des crises qui ont éclaté sous ses yeux et que nous affrontons encore aujourd'hui : crise des institutions traditionnelles ; crise économique et sociale ; crise écologique et humanitaire. Il a connu l'émergence de trois mondialisations qui nous préoccupent actuellement : la mondialisation du libéralisme économique et financier ; la mondialisation du fanatisme identitaire et des attentats terroristes ; la mondialisation de la contestation permanente et de l'autolégitimation des choix individuels. Le réflexe du pape ne fut pas de fulminer ou de diaboliser ces phénomènes, comme c'est la tentation dans l'Église, mais d'en comprendre les motifs et de chercher comment corriger leurs défauts et leurs nuisances, en les évangélisant, en les humanisant. En les désarmant par un témoignage d'humanité désarmant. L'attitude de Jean-Baptiste Montini nous servira de point d'appui pour réfléchir à la façon d'assurer la nôtre dans notre monde si tourmenté et inquiétant.

Notre objectif ne sera pas d'imiter les réactions de Montini, qui sont corrélées à un contexte historique différent du nôtre, mais de nous inspirer de sa foi, de voir comment elle lui a permis de garder la joie, de la communiquer à d'autres, malgré ses revers personnels et les vicissitudes cruelles de l'histoire. « Je suis fatigué, mais l'amour n'est jamais fatigué », répliquait-il à ceux qui plaignaient son sort. Montini est le prototype de l'enthousiaste chrétien pour temps de crises. Pour bien le voir, nous nous éclairerons à chaque chapitre d'un passage de l'Évangile où il apparaît explicite que l'enthousiasme est un don de Dieu que nous avons vocation à accroître et à essaimer autour de nous. L'enthousiaste est repérable à six postures très caractéristiques que nous développerons dans chaque chapitre de ce livre. Nous y croiserons aussi d'autres témoins d'hier ou d'aujourd'hui, religieux ou profanes, qui ont brûlé du même feu qui ne s'éteint pas, même sous l'injonction intimidante, et parfois terrifiante, d'événements dus au mal ou à la malchance.

Justement, nous conclurons notre recherche en nous demandant comment protéger ce feu des aléas extérieurs et de nos ennemis intérieurs qui ne sont pas les moins redoutables.

En route maintenant sur le chemin de l'enthousiasme !

1

Le pèlerin

C'EST le dernier jour de son pèlerinage en Terre sainte[1]. Jamais avant lui, un pape ne s'était aventuré sur le sol natal de Jésus. Et de Pierre, dont la papauté se réclame depuis deux mille ans ! Il a lu dans les journaux que lui a transmis son secrétaire, Don Pasquale, comment on le surnomme à présent : le pape pèlerin. Ses lèvres esquissent un sourire en pensant à sa capacité de créer la surprise. On le présente si souvent comme un timide, un hésitant ! Il sourit encore à l'idée que son pèlerinage aurait pu avorter dès le premier jour. À Jérusalem, sur la Via Crucis, alors qu'il marchait vers la basilique du Saint-Sépulcre, il faillit mourir étouffé par une foule en délire, empressée de

1. Du 4 au 6 janvier 1964.

le toucher. L'enthousiasme débridé peut tuer. Il eut la vie sauve grâce aux Petites Sœurs de Charles de Foucauld : elles lui ouvrirent leur porte au niveau de la sixième station, là où Véronique essuya le visage en sang de Jésus. « Je rentre dans cette maison pour prier avec vous, comme un père », leur avait-il dit simplement.

En ce dernier jour, la foule est toujours là, mais tenue cette fois à bonne distance par une haie de soldats bédouins. Jean-Baptiste Montini s'apprête à regagner la Jordanie où l'attend son avion pour rentrer à Rome. Les traits de son visage sont tirés par la fatigue, mais son regard d'homme de 67 ans est étonnamment rajeuni par le retour aux sources qu'il vient d'accomplir en trois jours.

Soudain, un individu bondit devant lui. Nul ne sait d'où il vient. Il le supplie de venir au chevet de son père, un paralytique, qui désirerait tant voir le pape avant de mourir. Jean-Baptiste est pris aux entrailles, comme il l'a toujours été face aux cris des pauvres gens. Basta le programme et le protocole ! Le pape pèlerin s'en va d'un pas leste visiter le vieil homme. Il habite une modeste demeure de Jérusalem. Son nom est Mattia Khalil Nathan. Il a 76 ans et éclate en sanglots à la vue de son visiteur. « Vous êtes Pierre en personne ! », lui lance-t-il. Les deux hommes s'embrassent. Le silence les enlace à son tour. Une ou deux photos, pas plus. Montini goûte peu la publicité que l'on peut donner à ses gestes. Il est pudique. Dieu aussi, croit-il. Seul compte pour lui la transfiguration discrète par l'amour d'une rencontre en danse éternelle. « Tu verras, à la résurrection, nous danserons ensemble ! », avait-il déjà promis à un jeune handicapé. Maintenant il est l'heure de partir.

Ce pèlerinage a été jalonné de gestes et de paroles, tantôt prévus, tantôt improvisés. D'un bout à l'autre, ce tour de Terre sainte en trois jours aura été, selon le désir du pèlerin vêtu en blanc, une catéchèse en actes. Un retour aux sources évangéliques de l'enthousiasme. Une parabole vivante de la parabole du bon Samaritain : cette « antique histoire » qui, déclara plus tard Paul VI aux évêques du monde entier réunis à Rome, « a été le modèle et la règle de la spiritualité du Concile[1] ».

1. Discours de clôture du concile Vatican II, le 8 décembre 1965.

Le bon Samaritain

Relisons donc cette parabole paradigmatique du Concile (Lc 10, 29-37). Nous l'avons souvent lue, entendue, méditée ou commentée : elle est connue pour être la parabole de la miséricorde et de l'amour du prochain. D'où l'impression que cet évangile donne peut-être : celle de ne plus avoir rien de nouveau et d'étonnant à nous dire. Mais relisons-le encore tranquillement. Attentivement. En nous efforçant de visualiser, d'imaginer ce qu'il raconte. En l'illustrant aussi par l'anecdote que nous venons d'évoquer du pèlerinage de Paul VI en Terre sainte. Et pourquoi pas, en le lisant comme un polar où on se demande à la fin de l'intrigue quelle est sa morale, au sens éthique que lui donnait La Fontaine. Alors, avez-vous trouvé ce que recèle de surprenant, et peut-être de dérangeant, cette parabole ? Ne remet-elle pas en question ou en mouvement certaines de nos façons de voir et de faire habituelles ? Eh bien, cette histoire définit la vocation pèlerine du chrétien. Elle est primordiale puisqu'elle le fait ressembler au Christ qui, dans l'histoire qu'il raconte, s'attribue le rôle du Samaritain. Ce dernier, il faut le souligner, était considéré comme un étranger impur, une espèce de migrant nuisible à la sécurité des Juifs de ce temps-là. Jésus n'a cure de ces stigmatisations qui freinent l'avènement du Royaume chez les hommes. Ce Royaume, Jean-Baptiste Montini l'appellera la « civilisation de l'amour ».

La vocation pèlerine du chrétien consiste à accomplir cette civilisation alternative à la nôtre, boursoufflée d'orgueil et d'égoïsme, en inversant radicalement sa vision souvent conformiste du prochain. D'abord, il n'est plus forcément quelqu'un de mitoyen ou de limitrophe. Il n'est pas seulement un voisin de rue, de palier ou de chaise à l'église le dimanche. Il est aussi d'on ne sait où… Un intrus qui fait tache dans le décor. Une tache qui détonne dans le paysage. Il n'est pas proche du tout, mais très lointain. Si malgré tout on veut le rencontrer – ne serait-ce que par charité –, alors il faut faire comme le Samaritain sur la route de Jéricho, comme Montini s'apprêtant à reprendre son avion pour Rome : il faut changer son itinéraire et son programme, faire un détour, en bref, se compliquer la vie. Il faut surmonter son dégoût de l'imprévu et sa peur de l'inconnu. Tous ces efforts, pourquoi ?

La réponse de la parabole est limpide : celui qui se rend proche de ceux qui sont loin est un disciple du bon Samaritain ; celui qui s'éloigne de son prochain lointain est un sosie du prêtre et du scribe : quelqu'un de pressé par l'égoïsme et l'indifférence.

Ensuite, autre inversion radicale : le prochain n'est plus un facteur de sécurité mais un phénomène déstabilisateur. Dans la parabole, le prochain n'est pas celui qu'on choisit par convenance personnelle ou souci d'efficacité, mais celui dont la détresse nous saute au visage et nous arrache le cœur. Luc rapporte que le Samaritain « fut saisi de compassion » (Lc 10, 33). Et nous l'avons vu, le pape pèlerin embrassa le vieux paralytique. Le prochain, selon l'esprit de la parabole, nous renvoie à notre humanité profondément blessée. Il nous attire à lui par compassion et pour soulager ses souffrances. Mais il nous convertit aussi à l'acceptation de notre propre vulnérabilité. Le prochain dans le besoin n'est pas qu'un affligé que l'on assiste, il nous assiste, lui également, pour faire mûrir notre humanité et notre fraternité trop souvent concédées avec parcimonie. La parabole du bon Samaritain exalte le sacrement du frère.

La vocation pèlerine du chrétien est d'aimer les lointains. Sans peur ni rétribution.

Tomas Halik est un théologien tchèque qui a été ordonné prêtre dans la clandestinité au temps où son pays vivait sous la férule communiste. À la chute de la dictature, il devint un conseiller président de la République tchèque, Václav Havel. « Hors du risque de la vie, il n'y a point de sens à la vie », disait le président philosophe qui avait été la figure de proue intellectuelle de la résistance au régime communiste. Cette citation résume bien aussi le parcours humain et intellectuel de Tomas Halik : de son hostilité au communisme dont il avait souffert, il aurait pu ressortir en converti intransigeant, en adversaire musclé de l'athéisme, de la sécularisation et de la culture moderne. Au contraire, son expérience personnelle du totalitarisme matérialiste et de la persécution religieuse l'a fait réfléchir aux sources du fondamentalisme qui menace toute idéologie, toute religion quand celles-ci se réalisent en vases clos : « La foi sans pensée critique peut conduire au fanatisme et à l'intolérance[1] », prévient-il. Très engagé dans le

1. Cf. entretien accordé à *La Croix* le 1er juin 2020.

dialogue avec l'incroyance qui caractérise notre société pluraliste en Europe, Tomas Halik est un émule du bon Samaritain : il n'évite ni ne diabolise l'incroyant, mais il va à sa rencontre, pour comprendre sa démarche et interroger la sienne dans la mesure où elle ne satisfait pas, à l'évidence, la masse de nos semblables. Il voit même dans ce pèlerinage de dialogue une opportunité pour les chrétiens de continuer d'évangéliser leur propre image de Dieu :

> L'athéisme critique (je ne parle pas de l'athéisme dogmatique stupide, qui est en fait une pseudo-religion) peut être une « servante de la théologie » : il peut aider à purifier notre pensée de Dieu de l'idolâtrie, des projections de nos peurs et de nos désirs. Nous avons besoin de cette dialectique entre foi et doute. Non pas tant des doutes sur Dieu que des doutes envers notre concept de Dieu, sur qui nous projetons beaucoup d'attentes[1].

Le pèlerin samaritain est aussi un adepte du pèlerinage intérieur.

1. *Idem.*

Un autre théologien, français, trop vite ôté de notre compagnie sur cette terre, Bruno Chenu[1], s'est beaucoup penché sur la parabole du bon Samaritain. Ce n'était pas étonnant de sa part. Ses affinités avec la théologie afro-américaine, celle en particulier présente dans le *negro spiritual*, l'avaient rendu attentif à la cause des pauvres et des opprimés que symbolise l'homme « dépouillé et roué de coups » et laissé « à moitié mort » sur la route de Jéricho. Il avait relevé leur capacité extraordinaire d'enthousiasme en dépit du malheur, de l'esclavage et des discriminations raciales qu'ils subissaient. Dans un commentaire lumineux de l'évangile du bon Samaritain, Bruno Chenu nous invite à connaître nous aussi l'enthousiasme des pauvres, en nous penchant sur leur visage et en y découvrant le nôtre véritable :

> Brisant les comportements d'indifférence et de préoccupation de soi, un homme s'est rendu proche d'un autre homme. Quelque chose de la miséricorde divine s'est vécue. La

1. Prêtre assomptionniste, journaliste, rédacteur en chef du quotidien *La Croix* et auteur de plusieurs livres de réflexion théologique, Bruno Chenu est mort en 2003 à l'âge de 61 ans.

> parabole racontée par le Christ est la parabole du Christ, dans son action rédemptrice. Parce que nous-mêmes avons été rencontrés, secourus, guéris, nous pouvons peut-être rencontrer, secourir guérir. Parce que nous-mêmes avons été aimés, nous pouvons prolonger un peu l'onde de l'amour désintéressé. Jésus ne nous désigne pas un prochain comme objet de notre amour, il nous apprend par tout son comportement comment être proches concrètement des autres dans tous les aléas de la vie. On ne rencontre son prochain qu'en quittant son chemin, qu'en modifiant sa trajectoire. Et c'est en trouvant un vis-à-vis fraternel, en croisant un regard bienveillant que chacun accède à son vrai visage. Là est la source de vie[1].

Et on peut compléter cette citation en ajoutant sans crainte de la trahir : « Et là est la source de l'enthousiasme du pèlerin chrétien. »

La passion des lointains

J'ai vécu personnellement cet enthousiasme en me rendant en pèlerinage avec mon ami

1. Bruno Chenu, *La trace d'un visage*, Bayard, Paris, 2019.

Michael Lonsdale au monastère de Tibhirine, en Algérie[1].

> Un pèlerin c'est quelqu'un qui marche, se souvient et rend grâce. Pèlerin à Tibhirine, j'ai marché sur les pas des moines, je me suis souvenu de leur témoignage et j'ai remercié Dieu pour la lumière que ces martyrs diffusent sur nous désormais. Car je crois qu'elle éclaire chacune de nos routes dans le clair-obscur où s'avance notre pèlerinage terrestre[2].

Michael a écrit ses lignes à son retour, dans un livre qui fait revivre les étapes de son hommage aux sept religieux et spécialement à Frère Luc qu'il avait interprété avec une conviction bouleversante dans le film *Des hommes et des dieux*[3]. « Vous entendre, vous rencontrer, cela me donne la baraka ! », lui avait déclaré une Algérienne après un récital de poésie dans les ruines romaines de Tipaza. Michael était un

1. Ce pèlerinage a eu lieu du 5 au 7 avril 2018.
2. Michael Lonsdale, *Pèlerin à Tibhirine. Mon carnet de voyage*, Salvator, Paris, 2018.
3. Le film de Xavier Beauvois, sorti en 2010, obtint le Grand Prix du jury à Cannes et valut à Michael Lonsdale de recevoir le César du meilleur acteur dans un second rôle en 2011.

passe-muraille: son enthousiasme chrétien lui donnait des ailes d'ange pour toucher d'autres croyants, d'autres chercheurs spirituels. Il fut un admirable pèlerin des lointains en témoignant, sans jamais s'imposer ou s'excuser de son optimisme et de sa chaleur humaine, dans des milieux artistiques où sa foi et son Église ne comptaient pas beaucoup de supporters.

Cette citation de son livre m'en rappelle une autre extraite d'une lettre du jeune Jean-Baptiste Montini à son père. Entré depuis peu à la Curie romaine, il se dit accablé par l'atmosphère détestable qu'il découvre: mensonges, intrigues et calomnies courent les antichambres du Vatican. Méditant sur cette vie de fonctionnaire qu'il n'a pas choisie et qui le désole, Jean-Baptiste confie à son père qu'il estime aussi comme un ami: « Voilà tout, nous sommes des pèlerins. » Que veut-il dire ainsi? Dans cette vie où sa santé précaire lui a enseigné combien elle était fragile et éphémère, il faut se regarder soi-même comme un pèlerin marchant continuellement, sans se laisser distraire par des parasitages de toute sorte, vers le but ultime de sa destinée: la vie en Dieu pour l'éternité.

Il ne faudrait toutefois pas en déduire que cette vie est insupportable, sinon méprisable. Certes, l'atmosphère menaçante et décourageante qu'exhalent les crises, les catastrophes et les scandales peut en accréditer la thèse. Certes, les démagogues et les populistes, exploiteurs aguerris du malheur des gens pauvres et vulnérables et que dénonce sans faiblesse le pape François, hurlent à s'en péter les cordes vocales que tout est pourri et va à vau-l'eau. Mais non, la vie réelle des hommes n'est pas qu'un cloaque dégoûtant ou un torrent de fiel. La vie qui nous est donnée est tout au contraire la route principale, la grande artère qui mène au paradis. Avec la grâce de Dieu, et en séchant ses propres blessures au soleil qu'il fait se lever « sur les méchants et sur les bons » (Mt 5 45), on peut en effet y être pèlerin aux façons du bon Samaritain, de Jean-Baptiste Montini, des chanteurs de *negro spiritual* ou de Michael Lonsdale. Comment ? En ayant comme eux l'enthousiasme que soulèvent les rencontres, les solidarités, les communions fraternelles et les combats justes qui tracent notre route ; en ayant, comme eux, le goût passionné des lointains, qui n'est rien d'autre que l'avant-goût en ce monde de la vie éternelle promise. Puissions-nous dire, chaque matin qui se lève, en voyant le monde qui reste à faire : « Le prochain est ma terre lointaine. »

2

L'urgentiste

UN livre d'archives photographiques sur le Vatican[1] publie un cliché en noir et blanc de Paul VI le montrant en train de sortir de son bureau. Il apparaît minuscule dans le décor grandiose du palais apostolique. Il ouvre ostensiblement ses bras vers un hôte absent de l'image. L'auteur a choisi cette photo parce qu'elle exprime la simplicité et la bienveillance naturelles de cet homme. À cause de sa manière bien à lui d'accueillir ses nombreux visiteurs, connus ou anonymes, à cause aussi de son plaisir inné et savouré de la conversation, son successeur Benoît XVI l'a présenté comme « un homme qui tend les

1. Caroline Pigozzi, Gian Maria Vian, *Les photos secrètes du Vatican*, Gründ/Plon, Paris, 2017.

mains[1] ». L'intellectuel Jean Guitton, dont on reparlera, avait relevé un autre trait distinctif du personnage Montini : il avait des gestes vifs et un pas preste qui lui donnait l'impression de glisser sur l'eau comme un cygne. Sur les images d'archives de son arrivée, en 1965, dans le hall du siège des Nations unies à New York, il donne cette étrange impression de surfer vers le secrétaire général de l'ONU qui était venu l'accueillir. Pour un peu, son allure précipitée ferait penser au héros du roman de Paul Morand *L'homme pressé*[2], figure emblématique d'une société éperdue de vitesse et de sensations fortes pour fuir la pensée de la mort qui l'attend tout au bout. Avait-il lu ce livre, lui le grand lecteur de littérature moderne, curieux de mieux comprendre ainsi la psychologie complexe de l'homme moderne ? La célérité de son pas tranchait étonnamment, avait observé Guitton, avec sa lenteur coutumière pour écrire une lettre (l'argumentation), pour mûrir sa réflexion (le discernement), pour prendre une décision

1. Cardinal Joseph Ratzinger, homélie du 10 août 1978, Munich.
2. Paul Morand, *L'homme pressé*, Gallimard, Paris, 1990.

(la délibération) ou pour éplucher tout simplement une pomme avec un couteau (la dégustation). Le mystère d'un homme tient autant à sa façon de découper un fruit que de se mouvoir parmi ses semblables. Montini s'exerçait, non par tactique ou orgueil, mais par pudeur et abnégation, à dompter le sentiment d'urgence qui l'habitait.

Le jeune Jean-Baptiste était un faux calme. Il était un impatient qui avait décidé de se convertir à la patience, devait-il y consacrer sa vie entière. Ce qu'il fit en pratiquant de façon régulière des exercices de silence, de piété et d'oraison. Profondément maître de lui-même, comme il avait souhaité l'être dans sa règle de vie personnelle, rédigée à l'âge 33 ans, il était dévoré par un feu intérieur – un enthousiasme – que ses interlocuteurs les plus attentifs avaient su capter dans ses yeux. Le théologien Yves Congar – un de ses rares supporters avec le fondateur des Petits Frères de Jésus, René Voillaume, et le dominicain docker à Marseille, Jacques Loew, quand après le Concile la contestation, à bâbord et à tribord, enfla dans l'Église – en témoigna ainsi : « À travers l'intensité de son regard, on percevait celle du désir de son âme habitée par un amour inconditionnel de Jésus-Christ[1]. »

Un amour inconditionnel ! Voilà l'étincelle de l'enthousiasme chrétien. Le chrétien inconditionnel n'est pas intransigeant, arrogant, conquérant, sectaire. Mais il est subordonné à un amour qui le possède et qui dilate son cœur aux dimensions du monde ; qui l'empêche de se taire, de s'autocensurer et de se terrer ; et qui le libère des pulsions dévastatrices de vouloir dominer et asservir son prochain. Cet amour possessif et libérateur lui fournit deux armes de l'Esprit, deux armes persuasives mais non violentes : le dialogue en quête de la vérité et le témoignage de vie rendu à temps et à contretemps. Aux heures les plus violentes du fascisme italien, Montini transmit ce message aux étudiants dont il était l'aumônier, se laissant appeler affectueusement par eux « Don Battista ». Il leur recommanda de répondre, comme lui, aux menaces et aux sévices des séides de Mussolini, principalement

1. Yves Congar, Jacques Loew, René Voillaume, *À temps et à contretemps. Retrouver dans l'Église le visage de Jésus-Christ*, Cerf, Paris, 1969.

de deux manières : par un style de vie quasi liturgique et par un usage clairement assumé de leur liberté intérieure – une liberté spirituelle qui devait être sans arrêt irriguée par les auteurs chrétiens, le message de l'Église et la culture de leur siècle. Malgré les dangers et les drames, ces années-là, confia-t-il plus tard, furent les plus exaltantes de son existence. Son message aux jeunes pouvait se résumer ainsi : le chrétien qui s'honore est un urgentiste de l'annonce de l'Évangile. Il souffre la colère des ennemis, car son enthousiasme vient de plus grand et plus fort que lui.

Missionnaire du cœur à cœur

Saint Paul aurait pu s'exprimer ainsi :

> Malheur à moi si je n'annonçais pas l'Évangile ! Car c'est par lui, par le Christ lui-même, que j'ai été envoyé pour cela. Je suis apôtre, je suis témoin. Plus le but est éloigné, plus la mission est difficile, plus est vif l'amour qui nous pousse. Je dois proclamer son nom : Jésus est le Christ, le fils du Dieu vivant. Je ne finirai jamais de parler de lui ; il

> est la lumière, il est la vérité ; bien plus, il est le chemin, la vérité et la vie[1].

Ces paroles semblent être de saint Paul. Elles sont de Paul VI. Paul VI imprégné jusqu'à la moelle par l'épître aux Corinthiens (1 Co 9, 16-23), lue dorénavant dans la liturgie de la fête de saint Paul VI, le 29 mai. « Alors quel est mon mérite ? C'est d'annoncer l'Évangile sans rechercher aucun avantage matériel et sans faire valoir mes droits de prédicateur de l'Évangile » : on dirait du Paul VI, mais c'est bien du saint Paul !

Montini n'avait pas une voix de stentor. Il écrivait délicieusement comme un poète, mais il était un faible orateur. En tout cas, il n'avait pas le verbe triomphal ni l'éloquence de Bossuet qu'admirait tant, en fidèle lectrice, sa mère. Sa bouche semblait pousser parfois des gémissements. Pourtant les millions de Philippins qui ce jour-là l'entendirent proclamer sans détour sa foi évangélisatrice furent édifiés. Plus, retournés, et certains convaincus,

1. Manille, le 29 novembre 1970 (cf. Paul VI, *C'est beau de prier. Florilège. Six prières lues par Michael Lonsdale, CD inclus*, anthologie et présentation de Michel Cool, Salvator, 2019).

comme ce jeune garçon de 13 ans noyé dans la foule : encouragé par cette visite papale, Luis Antonio Tagle, entra ensuite au séminaire, devint prêtre, archevêque de Manille, puis cardinal nommé à la tête d'un important dicastère romain.

Quand les auditeurs de ce discours apprirent plus tard que le pape avait été victime d'un attentat avant de leur tenir ce discours, ils furent encore plus bouleversés. Cet homme, déjà vieilli, qui avait été agressé par un déséquilibré à l'aéroport, leur avait parlé comme si de rien n'était. Ou plutôt, sa prise de conscience d'avoir été à deux doigts de mourir en martyr avait décuplé son énergie pour leur transmettre le message d'urgence missionnaire qui le consumait. Lui, si habituellement réservé, s'était adressé à cette foule immense en laissant s'échapper de son cœur-volcan le secret de toute sa vie. Un missionnaire enthousiaste est un apôtre du cœur à cœur, qu'aucune foule ne peut intimider, qu'aucune menace ne peut bâillonner.

Louis Bouyer grand spécialiste de la liturgie et de l'œcuménisme – lui-même passé du protestantisme au catholicisme –, grand ami aussi de Paul VI, est l'auteur d'un livre profond sur la vie monastique. Dans une page, il écrit: « La vocation du moine, c'est et ce n'est que la vocation du baptisé. Mais c'est la vocation du baptisé parvenue, dirais-je, à son maximum d'urgence[1]. » Citation très éclairante. D'abord parce qu'elle induit que la vocation de tout baptisé est l'urgence. Ensuite parce qu'elle dé-folklorise l'image tellement rabâchée du moine hors-piste, hors-sol et inutile. Pour son auteur, le moine est au contraire le recordman de la médecine urgentiste chrétienne. Il est le champion toute catégorie de l'enthousiasme missionnaire. Toute sa vie est orientée vers Dieu, comme un tournesol suivant la course du soleil. Mais sa vie contemplative ne l'empêche pas d'avoir été « le cœur battant de la société médiévale » en inspirant, par exemple, l'architecture, la culture, l'agriculture, la botanique ou la liturgie de son époque.

Cette citation de Bouyer est éclairante aussi sur le fait que Montini ait souhaité devenir moine bénédictin dans sa jeunesse. Il en fut empêché pour des raisons de santé. Comme

1. Louis Bouyer, *Le sens de la vie monastique*, Cerf, Paris, 2008.

Bouyer, il avait compris que le moine est un modèle pour tous les baptisés plongés dans la vie active. Non pas pour qu'il leur enseigne par son style de vie à quitter la course du monde, mais pour qu'eux aussi cherchent, comme lui, des moyens de réorienter celle-ci vers Dieu, ou du moins vers davantage de sagesse et d'humanité.

On connaît les moyens privilégiés par la moniale et le moine : la prière, le travail (manuel ou intellectuel), l'hospitalité et la solidarité. On a souvent tendance à minorer leur impact sur la société. C'est une vision biaisée des choses qui sévit aussi dans les milieux chrétiens. Elle oublie, on vient de le rappeler, toutes les innovations scientifiques, culturelles, économiques et sociales d'origine monastique qui ont profité à toute l'humanité. Elles montrent que le retrait monastique ne soustrait pas le moine de la vie du monde : bien au contraire, il lui permet de discerner et d'anticiper les besoins, les appels les plus pressants du monde.

Une arche de Noé chez les cow-boys

Deux exemples contemporains confirment mon propos.

Premier exemple : le succès mondial des livres d'Anselm Grün. Pourquoi ce moine bénédictin allemand est-il devenu un auteur de best-sellers ? D'abord parce qu'il s'est investi dans la mission de sortir ses contemporains de la confusion et du désarroi où sont enfoncées leurs vies professionnelles et personnelles. Son talent est d'avoir su trouver les mots pour rejoindre un vaste public et lui communiquer ses conseils empreints de psychologie et de spiritualité. Ensuite parce qu'il a trouvé l'art et la manière de faire de l'évangélisation sans le dire. Non par souci tactique de camouflage. Un moine, ça se remarque ! Mais plutôt par souci de créer une conversation avec ses lecteurs en évitant de leur asséner un semblant d'enseignement ou de catéchèse. La performance d'Anselm Grün est riche d'enseignements pour tous les baptisés : l'évangélisation est une annonce. Mais elle est aussi un service rendu à l'humanité pour la sortir de sa confusion et de son désarroi. L'annonce et le service sont des urgences. Les deux sont liées, comme dirait le pape François.

Deuxième exemple : les moines n'ont pas attendu que la transition écologique devienne une priorité dans l'opinion publique, dans les sphères politiques et culturelles, et dans l'Église catholique grâce à une encyclique retentissante, pour promouvoir une agriculture et des modèles de vie sociale obéissant à des principes écologiques. Les jardins et les pharmacopées monastiques, remis au goût du jour par des militants écologistes, témoignent, selon Frère Jean-Pierre Longeat[1], qu'« aux heures sombres du Moyen Âge, les monastères ont joué un rôle de refuge et d'inventivité face aux défis du temps ». Une femme, une moniale médiévale, est emblématique de ce phénomène : Hildegarde de Bingen. Ses potions et ses recettes à bases de plantes curatives ont fait le tour de la planète. Elle est considérée comme une pionnière de nos médecines douces et alimentations bios. Élevée récemment au rang de docteur de l'Église, Hildegarde continue de faire des émules dans les cloîtres monastiques qui reprennent vigueur ailleurs qu'en Occident, en Asie et en Amérique

1. Moine bénédictin, ancien père abbé de Ligugé, président de l'Alliance inter-monastères (AIM).

par exemple : plus de cinq cents nouvelles fondations ont vu le jour dans le monde au cours de ces cinq dernières décennies !

Parmi elles des communautés se distinguent par leur zèle écologiste. Tandis que chaque année de nouvelles espèces animales disparaissent de la surface du globe – du fait du réchauffement climatique –, mais aussi de la main prédatrice de l'homme, des bénédictines de l'Oregon ont transformé une partie de leur domaine en réserves naturelles pour végétaux et animaux dont certaines espèces sont menacées d'extinction. Elles ont adopté des techniques agricoles respectueuses de l'environnement. Aussi leur esprit pionnier en matière écologique fait-il progressivement école chez d'autres acteurs économiques locaux. Leur monastère ressemble à une arche de Noé échouée au pays des cow-boys et de Disneyland !

Que nous dit ce dynamisme monastique ? L'enthousiasme ne se décrète pas. Il se nourrit de l'inventivité et de l'audace de personnes et de communautés vivant de l'Évangile et qui choisissent de répondre avec sérieux aux deux urgences que mettent en évidence les crises actuelles. La première est d'annoncer le Christ avec des mots limpides, « utiles », et en le criant par toute sa vie comme Charles de Foucauld au Hoggar, quand il menait de pair sa différence chrétienne en terre d'islam et sa solidarité avec le peuple touarègue, en rédigeant un dictionnaire touareg/français qui fait toujours autorité. La deuxième urgence est d'aimer le monde, le nôtre, qui souffre d'un manque cruel d'amour, pas seulement par l'intention mais par le désir :

> Le désir de s'engager, de se salir les mains, de manier l'argile, de prendre part à la douleur, à la peine, de se plonger dans les difficultés de l'homme, en allant non à la périphérie mais au centre du combat, là où on crie, où l'on défaille, où l'on crée, où l'on force l'avenir, dans le flot, le bouillonnement, le tourbillon des êtres[1].

Ces mots si puissants sont de Jean Guitton. Il les a écrits pour évoquer l'irrépressible désir d'immersion dans le monde qui animait son ami Paul VI. Ce désir d'immersion ne doit-il pas être aussi notre urgence, à présent que la maison commune tremble de toutes parts ?

---

1. Jean Guitton, *Dialogues avec Paul VI*, Fayard, Paris, 1967.

3

Le voyant

À LA clôture du Concile, le 8 décembre 1965, Paul VI remit sur le parvis de la basilique Saint-Pierre des messages destinés à diverses catégories humaines : les femmes, les pauvres, les intellectuels, les gouvernants, les scientifiques, les artistes, les jeunes, les infirmes. Ce fut sa manière de concrétiser ce qu'il avait déclaré en substance : « Qu'a fait l'Église pendant le Concile ? Elle a aimé. » Il voulut remettre le message aux infirmes dans les mains d'un aveugle flanqué de son grand chien. La scène relayée par les cameramen et les photographes fit sensation. Mais tel n'était pas le but de Montini. La théâtralisation médiatique n'était ni son fort ni son goût. En revanche, ses gestes avaient toujours une fonction parabolique. En choisissant cet aveugle, figure si familière des

Évangiles, le pape rappelait à une société gavée d'images et de visions spectaculaires qu'il ne suffit pas d'avoir des yeux pour voir.

On a déjà évoqué le regard perçant de Montini. Il le considérait lui-même comme un don de la Providence. Un cadeau qui lui permettait, reconnaissait-il, de voir loin en l'autre. Il en était si persuadé que, passant outre sa timidité instinctive, il en parla à divers auditoires toujours interloqués par l'étrangeté de sa confession : ainsi, les prisonniers du centre carcéral de Regina Coeli à Rome, auxquels il avait offert individuellement un santon en terre cuite de l'Enfant-Jésus ; les ouvriers d'un important chantier sidérurgique dont il avait avec déférence porté le casque de protection ; les Gitans et les gens du voyage qu'il avait rejoints dans leur campement pour saluer « l'esprit pèlerin » qu'ils perpétuaient dans une société prompte à les stigmatiser ; les habitants du plus grand bidonville du monde, dans les faubourgs de Manille, qui avaient été dévastés par un typhon et lui arrachèrent des larmes ; les petits paysans péruviens qui s'étaient déplacés par dizaines de milliers pour l'écouter dire la messe et dénoncer les injustices criantes qu'ils enduraient. À toutes ces populations marginalisées et dépréciées, il avait fait la même confidence, la même déclaration surprenante : « Vous êtes l'image du Christ : vous reproduisez devant moi Jésus crucifié. »

On a beaucoup comparé la personnalité tourmentée de Paul VI à celles plus bonhomme de Jean XXIII ou galvanisante de Jean-Paul II. Les apparences peuvent être trompeuses. Car, à vrai dire, il en faut, du cran et de l'enthousiasme, pour aller dire à des gens qui crèvent de faim, qui ont perdu leur dignité et aspirent avant tout à la liberté : vous êtes des icônes du Christ souffrant ! « Le regard rachète l'infimité des lèvres », confiait ce pape visionnaire – même de ses propres déficiences. Mais son regard ne trompait personne. Il était celui d'un ami de Dieu et d'un ami des hommes.

Comme Marthe et Marie

Voir Dieu en l'homme et voir l'homme en Dieu : ce fut la vision de Jean-Baptiste Montini sa vie durant. Sans elle, aurait-il eu cette clairvoyance qu'appréciaient et recherchaient en sa compagnie les étudiants, les séminaristes, les responsables politiques, les artistes, les intellectuels, les théologiens et tous ces correspondants plus ou moins connus, plus ou moins à l'aise dans l'Église, à qui il répondait par lettres manuscrites, souvent tard dans la nuit, en écoutant sur son électrophone des musiques de Chopin ou de Beethoven ?

L'ancien aumônier d'Action catholique étudiante et archevêque métropolitain de Milan, dont les initiatives pastorales s'étaient souvent brisées contre les murs de l'incroyance et de l'indifférence contemporaines, misait davantage maintenant sur la rencontre interpersonnelle, sur la conversation franche et l'amitié loyale pour annoncer l'Évangile dans des sociétés où les performances du marché et de la technologie exerçaient une fascination dévorante. Il avait déjà esquissé cette intuition dans la préface d'un livre[1], mais qui n'était jamais parue pour ne pas fâcher un secteur de la Curie, où il travaillait alors auprès de Pie XII, qui lui était défavorable.

1. Il s'agit de l'édition italienne de *Au cœur des masses* du père René Voillaume, réédité en 2012 au Cerf.

Devenu pape, il théorisera sa vision d'une évangélisation fondée sur le dialogue en vérité et le témoignage de vie explicite dans des textes magistériels qui demeurent des lampes allumées sur la route de l'Église[1]. Il en ressort un style de vie chrétienne où le disciple est appelé à être à la fois croyant et voyant. C'est-à-dire, à ne plus dissocier de façon simplificatrice la contemplation de l'action ; à ne plus opposer de façon réductrice Marthe et Marie, les deux sœurs de Lazare, et les deux faces d'une même amitié pour Jésus. Paul VI aimait les invoquer pour qu'elles l'aident à se transformer de disciple en ami du Christ.

Ce qui dès lors prime dans la foi, c'est la qualité du regard que l'on porte sur Dieu et sur son prochain. Mais c'est tout autant l'attention que nous portons au regard de Dieu et du prochain sur nous. Dans la foi que j'aime, dit le Dieu de Paul VI, en le faisant parler à

1. L'encyclique *Ecclesiam suam*, en 1964, sur le dialogue dans l'Église, et l'exhortation apostolique *Evangelii nuntiandi*, en 1975, sur l'évangélisation du monde actuel, font partie des fleurons du pontificat montinien.

la manière de celui de Charles Péguy[1], c'est la qualité du regard de mes enfants.

Les quatre regards de Jésus

Un professeur d'Écritures sainte[2] qui a beaucoup lu l'Évangile de saint Luc considère qu'il est l'Évangile du regard de Jésus par excellence. L'auteur de ce texte était médecin, mais en réussissant à rendre son Évangile vivant et captivant, il s'est révélé un remarquable écrivain. Comment y est-il parvenu ? D'abord en visualisant les scènes qu'il rapporte par une abondance de descriptions et de détails : ne dit-on pas que Luc était également peintre et auteur présumé d'une icône de la Vierge qui est toujours vénérée à Bologne ? Ensuite en accentuant son évocation sur les attitudes des personnages,

1. « La foi que j'aime, dit Dieu… » Extrait de Charles Péguy, *Le porche du Mystère de la deuxième vertu*, in *Œuvres poétiques complètes*, Gallimard, coll. « Bibliothèque de la Pléiade », Paris, 1975, p. 527 à 670.
2. Vianney Bouyer, professeur d'Écriture sainte à l'Université catholique de l'Ouest, à Angers. Cf. Vianney Bouyer, *Cahier Évangile* n° 160 (juin 2012), « Les anonymes de l'Évangile », p. 15.

en particulier sur celles de Jésus. Pour ce faire, relève le professeur, le texte lucanien emploie beaucoup de verbes et d'expressions se rapportant au regard de Jésus. Ce procédé stylistique contribue à vivifier et à actualiser ce reportage qui a été écrit des années après que les événements ont eu lieu. L'exégète, approfondissant sa recherche, distingue quatre formes du regard de Jésus valorisées par Luc dans son Évangile.

1. Son regard électif sur ses disciples: «Après cela, Jésus sortit et remarqua un publicain du nom de Lévi assis au bureau des impôts. Il lui dit: "Suis-moi"» (Lc 5, 27). Cette scène de la conversion de Matthieu inspira l'un des tableaux les plus spectaculaires du Caravage. On peut l'admirer dans une chapelle de l'église Saint-Louis-des-Français à Rome.

2. Son regard compatissant sur les malportants: l'épisode, parmi de nombreux autres, relatant la résurrection du fils d'une veuve à Naïm, en donne un exemple éloquent (Lc 7, 11-17).

3. Son regard circulaire sur ses adversaires: face aux scribes, aux pharisiens ou à ses juges, Jésus ne fixe jamais quelqu'un de précis. Luc montre par là que le Christ réprouve globalement, et non individuellement, l'hypocrisie des

castes qui détournent complaisamment la Loi pour abuser sans complexe de leur autorité sur le peuple.

4. Son regard spirituel qui oriente vers la foi et conduit vers son Père. La scène à cet égard la plus parlante est celle qui suit le reniement de Pierre : « Le Seigneur se retourna, posa son regard sur Pierre. Alors Pierre se souvint de la parole que le Seigneur lui avait dite » (Lc 23, 61). Commentant ce verset, le théologien Bruno Chenu explique ainsi le regard de Jésus :

> Regard, non de reproche, mais de réfection, non de réprimande, mais de rémission… Il s'agit d'un regard qui voit l'être, non pas indépendamment de la faute, mais au-delà d'elle, et qui de ce fait nous donne un avenir là où tout paraissait clos. Le regard de Jésus redonne Pierre à lui-même[1].

Thérèse et Sylvain

Grâce à cette typologie très instructive, nous pouvons dire sans craindre de faire erreur que

1. Bruno Chenu, *La trace d'un visage*, Bayard, Paris, 2019.

l'Évangile de Luc plaisait à Jean-Baptiste Montini. Il corrobore en effet sa conviction que la foi chrétienne procure autant la faculté de croire que celle de voir. Cette pensée n'était ni révolutionnaire ni hérétique, puisqu'elle était déjà gravé dans la Bible : « Le Seigneur a mis dans le cœur des hommes son propre regard pour leur faire voir la grandeur de ses œuvres » (Si 17, 8). Autre intérêt de cette exégèse : elle rappelle que le regard de Jésus, qui a tant inspiré saint Luc, orientait à la fois vers son Père et vers les préférés de son Père ceux qui forment la « raclure » que nos sociétés rejettent si facilement à grands coups de balai. « Jésus, visage humain de Dieu, n'est pas seulement une parole à écouter, mais un regard à croiser[1] », souligne Bruno Chenu. Et pour le croiser, il faut parfois s'aventurer sur des chemins pas toujours reluisants et souvent incertains...

Deux personnages, d'époques et de cultures différentes, illustrent à leur manière la merveilleuse capacité d'être voyant en dépit des opacités et des cécités qui peuvent nous handicaper.

1. *Idem.*

L'une, Thérèse Martin, est entrée au carmel de Lisieux à 15 ans en pensant s'évader d'une société qui devenait furieusement positiviste et anticléricale, à la fin du XIXe siècle. Elle croyait y trouver le réconfort d'une famille « recomposée » dans un cadre protecteur et y sentir le baume avant-coureur de celui du paradis. Elle ne récolta que mesquineries communautaires et désillusions religieuses ; par-dessus le marché, elle tomba malade de la tuberculose et mourut à l'âge de 24 ans, tandis que sa foi s'abîmait dans une nuit obscure. Et pourtant, cette jeune femme au visage rendu proche et familier grâce aux photos de sa sœur est devenue un phare spirituel enthousiasmant. Dans ses écrits, on a découvert, abasourdi, la recette de sa joie si étonnante : elle consistait à voir dans la précarité de sa condition le lieu de l'amour et de la charité pour ses compagnes les plus revêches et les moins sympathiques. Durant sa nuit obscure, elle s'est aussi, écrit-elle, « assise à la table des pécheurs » expérimentant en elle-même le doute, l'absence de foi et l'aridité de l'âme. Par marque de solidarité avec les incroyants, elle accentua sa prière pour eux. Actuellement, les chrétiens en Europe sont parfois tentés de se blinder contre l'océan d'incroyance et d'indifférence qui les entoure et qui n'est pas à confondre avec l'opposition antireligieuse du positivisme et du laïcisme militants. Le témoignage de Thérèse s'allume comme un voyant salutaire pour notre temps. Il indique la direction pour aller vers une foi adulte, mûre, capable de traverser, elle aussi, des moments d'incertitude et de fragilité : « Une foi mûre est la patience de la persévérance, dans la nuit du mystère[1]. » Jean-Baptiste Montini, devenu pape, encouragea les catholiques à dialoguer en vérité avec les incroyants : « L'incroyance de beaucoup de nos contemporains n'est-elle pas, elle aussi, une voie par laquelle l'Esprit parle aux Églises ? », interrogeait-il en 1967. Il était du reste très attaché à Thérèse de Lisieux. Il avait reçu le baptême le jour où elle s'était éteinte dans l'infirmerie de son couvent. Il disait que la prouesse de cette marraine du ciel avait été de transfigurer ses faiblesses dans « un contexte limité et contraignant ». Thérèse est une voyante au sens où, dans les ténèbres, elle a vu et suivi obstinément

1. Cf. Tomas Halik, *Donner du temps à l'éternité*, Cerf, Paris, 2014.

une lumière. Mais elle est aussi un voyant nous signalant à la fois sa voie de « la petite enfance spirituelle » et celle d'une foi mûre accueillant les crises comme des leçons de sagesse, des opportunités pour agrandir notre espérance et faire progresser notre art d'aimer.

L'autre personnage est un aventurier contemporain attiré par les steppes, les landes de terre d'apparence vierge. Ses escapades au long cours lui sont inspirées par les héros de l'*Iliade* et l'*Odyssée* et par les poètes, ces éternels orfèvres du langage et voyageurs inlassables qui éclairent leurs routes du feu de leurs songes. Il y a du Alexandra David-Néel[1] chez cet explorateur qui, fuyant le gros coup de fatigue de l'Occident, cherche un enthousiasme nouveau en sillonnant des terres lointaines aux cultures ancestrales. Cet auteur au succès fulgurant et mérité s'appelle Sylvain Tesson. Dans l'un de ses derniers beaux livres, il raconte comment il s'est soudain découvert une âme contemplative. Ce fut en guettant longuement, au milieu d'une nature sauvage sur les plateaux du Tibet,

1. Journaliste et orientaliste française (1868-1969), elle fut la première exploratrice occidentale à atteindre Lhassa, la capitale du Tibet.

l'apparition d'un félin en voie de raréfaction. Il écrit :

> L'affût s'apparente à une sorte de prière. Quelque chose vient. Nous savions que la panthère rôdait, nous vivions suspendus à l'idée de la voir. L'affût est un état de conscience, une ligne de conduite et de présence au monde : quelque chose surgira qui nous surprendra. Pour vivre pleinement, il faut se tenir aux aguets, en état d'apparition[1].

Ah ! Tout est dit ! Ou presque. « L'affût s'apparente à une sorte de prière. » Vivre en état d'apparition : n'est-ce pas le but, le rêve, l'aventure recherchés intensément par celui qui veut voir Dieu ? Vivre l'attente de ce miracle en se tenant aux aguets : n'est-ce pas l'attitude de celui qui veut voir le monde visible se transfigurer à son contact, à travers les petites attentions et les marques de tendresse qu'il manifeste à ceux qu'il croise sur sa route ?

L'enthousiasme est à ce prix : voir sans relâche, voir dans la nuit, Dieu en l'homme et

1. Sylvain Tesson, *La panthère des neiges*, Gallimard, Paris, 2019.

l'homme en Dieu ; voir sans compter, sans œillères, pour croire que quelque chose vient. Pour espérer en Quelqu'un qui s'approche et vient à notre rencontre.

4

L'éclaireur

Sur le bureau de travail du pape Paul VI au Vatican, où s'empilaient dossiers, parapheurs, courrier et livres dédicacés, trônaient un crucifix et des images, au milieu desquelles on trouvait celle de saint Jean-Baptiste dont il avait reçu le prénom à son baptême. Dans l'église de Concesio, sa ville natale en Lombardie, se tient la chapelle où il fut baptisé, cinq jours après sa naissance. Elle a été restaurée par des artistes contemporains. Ils lui ont donné un décor solaire et minéral qui n'est pas sans évoquer le paysage où coule le Jourdain et où officiait Jean. L'esprit de ce lieu éveille des impressions matinales chez les pèlerins qui, attirés par ce puits de clarté, s'y attardent pour contempler et méditer. Jean-Baptiste est le prophète charnière entre l'Ancien et le Nouveau Testament qui annonce la venue de Jésus, la lumière du monde. Pour cette raison, on l'appelle « le précurseur » et son baptême de pénitence anticipe et prépare celui dans la mort et la résurrection du Christ que recevront tous ceux qui se convertiront à l'Évangile : un baptême libérateur et rédempteur. Jean-Baptiste est un éclaireur à double sens : un envoyé en reconnaissance pour préparer la voie de Celui qui vient prêcher l'Évangile ; un guide pour tous les repentants que l'attente messianique attire à lui et qui demandent à être immergés dans les eaux du Jourdain.

Jean-Baptiste était un éclaireur modèle pour Montini. Il s'en inspirait pour être lui aussi un éclaireur malgré les obstacles que représentaient ses limites personnelles, ses « infirmités » comme il les appelait : par exemple, sa discrétion et son allure parfois refroidissantes, son excès de prudence par crainte des conflits et des divisions. Comment s'étonner que Paul VI ait été un pape oublié, presque gommé des mémoires ? De son vivant, il n'avait jamais cherché à s'imposer. Après sa mort, sa sainteté ne déplace pas les foules. Et alors ? Les saints doivent-ils alimenter des spectacles aux lumières criardes comme des bêtes de scènes mondaines ou bien ne sont-ils, comme des lucioles, visibles et accessibles que pour ceux qui s'en approchent avec patience et douceur ?

Montini a été un éclaireur humble sur la route de l'Église. Des historiens, s'affranchissant d'une vision raccourcie de l'histoire contemporaine, reconnaissent l'importance de son passage. Il aura été le pape des « premières fois » qui aidèrent à sortir le catholicisme de sa tour d'ivoire, malgré les réticences internes et les ironies externes. Rappelons ses voyages intercontinentaux inaugurant une papauté plus proche et pèlerine, ses gestes de réconciliation œcuméniques et interreligieuses, son action diplomatique multilatérale en faveur du désarmement et de l'aide au développement, etc. Jean XXIII eut le génie de lancer le Concile, Paul VI celui de le faire aboutir et d'enclencher le processus de la réforme intérieure de l'Église et de son rapport au monde : un monde nouveau marqué par une libéralisation sans précédent des échanges commerciaux, créant un marché mondial unique ; par les progrès technologiques inédits de la communication et de l'information pulvérisant toutes frontières naturelles et culturelles ; et par une modernisation ultra-rapide des moyens de transport formant un nouveau style de terrien, le « passager ».

Homme de tradition et d'évolution, Montini ne craignit pas d'aborder la complexité de ce nouvel univers en gestation dans les années 1970. Son intelligence le prédisposait à étudier, sans préjugés et avec jugement, l'enchevêtrement des fils innombrables qui la composait. Grâce à ses lumières, il exhorta les fidèles à surmonter leur antique défiance du progrès et à s'émerveiller comme lui devant les prouesses de l'humanité : il bénit par exemple, avec un enthousiasme non feint, les astronautes américains ayant marché pour la première fois sur la Lune en 1969. Il rappela à cette occasion que l'homme moderne avait cependant une conquête qu'il lui restait à accomplir : celle de son espace intérieur. Joignant le geste à la parole, il offrit symboliquement à ces conquérants du cosmos les figurines des trois rois mages. Montini exprima une autre fois son admiration pour les chercheurs scientifiques quand il reçut au Vatican, en 1975, le fameux astrophysicien anglais Stephen Hawking. Il remit, à genoux, une décoration à cet homme atteint de la maladie de Charcot et se déplaçant en fauteuil roulant, pour le remercier de ses recherches sur les origines du monde et de sa volonté de dialogue avec les croyants.

Ce pape éclaireur dans maints domaines aura toutefois échoué à réconcilier le catholicisme avec ses contemporains sur le terrain de la morale privée. Il le confessera : la bataille perdue d'*Humanae vitae* sur le contrôle des naissances n'inspira nul regret au pape, mais beaucoup de remords à l'homme de dialogue. Il en tira la leçon qu'une parole univoque et unilatérale sur les mœurs n'était plus recevable par des mentalités individualistes et relativistes[1] : il s'abstint dès lors de publier d'autres encycliques de 1968 jusqu'à sa mort en 1978.

Paul VI n'en continua pas moins de témoigner de son amour sacré de la vie humaine, de son début à la fin, à travers des paroles et des gestes à la fois persuasifs et bienveillants.

Être éclaireur n'apporte aucune garantie de succès. Jean-Baptiste eut la tête tranchée. Montini écopa de l'impopularité. L'émissaire voit avant les autres. Mais il est souvent aussi le

1. Cf. lettre apostolique *Octogesima adveniens* au cardinal Maurice Roy à l'occasion du 80e anniversaire de l'encyclique *Rerum novarum*, 14 mai 1971.

premier à souffrir l'incompréhension et l'hostilité, et même, parfois, à risquer sa peau.

La lumière du Thabor

Quand Paul VI visita la Terre sainte, l'étape du mont Thabor, lieu présumé de la Transfiguration, passa presque inaperçue. Elle ne fut marquée par aucun discours ou acte symbolique. Seulement un temps de recueillement et une flânerie sur le balcon pour admirer le spectacle du coucher de soleil sur le lac de Tibériade. Pourtant, cette halte brève fut probablement pour Montini le « clou » de son pèlerinage. En ce lieu se condensait en effet sa spiritualité personnelle qui le rendait si proche des chrétiens d'Orient et de son ami le patriarche orthodoxe Athénagoras. Cette spiritualité compare le chrétien à une lampe allumée. Pas celle d'un phare, plutôt celle d'une veilleuse. Elle renvoie à un verset d'une épître de Pierre, l'un des trois témoins oculaires de l'illumination du Christ, mais aussi auditeurs – on l'oublie souvent – de la voix du Père bénissant son fils. Pierre dit :

> Vous faites bien de fixer votre attention sur cette parole prophétique, comme sur une lampe brillant dans un lieu obscur jusqu'à ce que paraisse le jour et que l'étoile du matin se lève dans vos cœurs (2 P 1, 19).

Ce verset du Nouveau Testament, moins connu que celui du psaume 118, « ta parole est la lampe de mes pas », indique au chrétien quelle est au fond sa double vocation : voir la lumière et entendre la Parole qui brille comme une lampe.

Pour Pierre, cette Parole à entendre est identifiable à une lampe, et ceux qui la fixent, à des contemplatifs chantant les laudes à l'aube d'un nouveau jour. Le chrétien est un homme du matin, disait Jean Sulivan[1]. La Transfiguration est la fête de la lumière : celle qui éclaire à la fois la divinité du Christ et la destinée humaine, qui est promise à sa transfiguration définitive par l'Amour.

Pour Paul VI, cette métamorphose commençait en cette vie bien avant l'heure de la résurrection : « La lampe sur le chandelier brûle et se consume

1. Cf. Jean Sulivan, *Matinales. Itinéraire spirituel*, Gallimard, Paris, 1976.

seule, écrivait-il[1], mais elle a une fonction: celle d'illuminer les autres. Tous les autres si elle peut.» Sa prédilection pour le geste liturgique d'allumer un cierge venait de cette pensée que le témoignage enthousiaste du chrétien consiste à éclairer les autres, sans chercher à les éblouir ou à les capturer, mais pour qu'ils découvrent aussi la lumière souvent ignorée qui brille en eux. Pour lui, prier consistait à veiller dans l'attente de la lumière.

Refléter la lumière du Thabor, voir les autres à travers elle à la façon discrète de Marie magnifiant Dieu dans son cœur pour toutes ses œuvres: c'était le miracle que Jean-Baptiste Montini guettait dans l'ordinaire de ses journées et de ses rencontres.

Les bougies de Madeleine et Rachel

«Le monde a besoin de ma petite bougie», disait Madeleine Delbrêl[2], une contemporaine

1. Notes personnelles, 5 août 1963.
2. Madeleine Delbrêl est née en 1904 en Dordogne et elle est décédée en 1964 à Ivry-sur-Seine où elle avait vécu comme assistante sociale et en témoin de la foi chrétienne en banlieue communiste.

de Montini. Ren ne préparait cette femme née dans une famile athée à brûler des cierges. Elle aimait s'amuser, danser et griller des gitanes à la terrasse des cafés en refaisant le monde avec ses amis. Et puis, à 20 ans, Dieu s'invita chez elle, après qu'elle eut rencontré des chrétiens et fut tombée amoureuse d'un garçon qui finit par lui préférer la vie religieuse des Dominicains.

Dans le scoutisme, elle fait l'apprentissage de la vie en équipe et de la solidarité. Devenue assistante sociale, elle décide d'allumer sa « petite bougie » en banlieue parisienne, dans le ventre de l'athéisme moderne. Pour point de chute, elle choisit avec un groupe de femmes laïques Ivry-Sur-Seine, la seule ville communiste de France en 1933, année également de l'arrivée d'Hitler au pouvoir en Allemagne.

Dans cette ambiance passablement tourmentée et inhospitalière, Madeleine ne cherche ni à convaincre ni à convertir, mais à désarmer et à accompagner. Comment ? En brisant la glace, en allant vers les miséreux et les communistes, en ouvrant sa porte à qui frappe : les réfugiés républicains espagnols fuyant la dictature de Franco ou les enfants livrés à eux-mêmes des quartiers populaires. La petite bougie qu'elle leur offre, c'est sa disponibilité, son écoute, son entraide, sa bonté, sa bonne humeur aussi : car on fête et on rit chez Madeleine ! Elle découvre avec ses équipières que Dieu parle aussi à travers les incroyants ; que l'évangélisation n'est pas un chemin à sens unique ; que la conversion évangélique se fait par la conversation bienveillante ; que dans la mission, chacun est l'éclaireur de l'autre, en tenant sa petite bougie à la main, tandis que le Christ, tel le chandelier, veille et soutient. Cette expérience de convivialité humaine est à la source de l'enthousiasme que diffusent les écrits sociaux et mystiques de Madeleine Delbrêl.

Elle est la pionnière d'une présence chrétienne radieuse dans un monde « inchrétien[1] » qui rejette par avance toute forme de triomphalisme ou d'arrogance pouvant lui rappeler les heures de dérapages et parfois de naufrages de feu la chrétienté. « Notre tâche aujourd'hui n'est pas tant de parler du Christ que de le laisser vivre en nous pour que les hommes puissent le rencontrer en ressentant en nous sa présence », écrit Thomas Merton, converti américain devenu moine

1. Néologisme de Charles Péguy.

trappiste et précurseur du dialogue interreligieux durant les mêmes années 1960. Dans cet esprit, pour Madeleine Delbrêl et ses compagnes missionnaires, il s'agissait moins de travailler pour le Christ que d'être le Christ là où elles vivaient en terres athées et marxistes :

> La conquête du monde ne nous intéresse pas. Ce qui nous intéresse, c'est qu'un Dieu aimé par nous et qui aime chaque homme le premier, chaque homme puisse, comme nous, le rencontrer[1].

Cet apostolat de l'immersion est celui de l'avenir. Mais il est déjà conjugué au présent par des personnes et des associations qui ne veulent pas se laisser happer par la manie de vivre entre soi et le réflexe communautariste qui gagnent du terrain dans les sociétés civiles et religieuses. L'humanitaire et le sanitaire, l'éducation et le social, la paix et la justice, le dialogue des cultures et des religions sont les secteurs de pointe de cette charité missionnaire qui continue à envoyer des jeunes coopérants vers des horizons lointains. Rachel,

1. Madeleine Delbrêl, *Indivisible amour*, Bayard/Centurion, Paris, 1991.

une jeune Franc-Comtoise rencontrée par hasard durant un pèlerinage en Terre sainte, fait partie de cette génération d'éclaireurs qui aident le monde à se renouveler à leur contact. Pendant un an, elle a fait seule le tour du monde de ce qu'elle appelle les «jardiniers de la paix». En Afrique, au Moyen-Orient et en Asie, elle s'est associée pendant une période à des personnes, qui, comme Madeleine Delbrêl, inventaient des formes non violentes de réponses à l'injustice ou à l'oppression. De son compagnonnage avec Daoud, un agriculteur palestinien qui, à côté de Bethléem, résiste depuis plus de vingt ans avec sa famille à l'occupation israélienne de leur terre, elle a appris que les conflits et les drames sont aussi des creusets d'espérance et de créativité. Rachel témoigne:

> Les épreuves peuvent nous accabler. En transformant notre regard, nous pouvons aussi voir en chaque difficulté l'opportunité d'un nouveau défi pour inventer des solutions, en laissant émerger notre créativité. Alors s'offre à nous un champ de possibles inimaginables. Car Dieu veut le Bien pour tous[1]!

---

1. Témoignage paru dans *Parole(s)*, le magazine de la communauté Mission de France, juin-août 2020.

Pendant un confinement général décrété pour enrayer la pandémie du coronavirus, Rachel, de retour de son périple, fut l'instigatrice d'une veillée pascale vécue, en visioconférence, par une vingtaine de personnes dont un Rwandais et une Brésilienne. « Où ai-je envie de mettre de la lumière dans ma vie ? » fut un des thèmes de cette liturgie virtuelle qui ne chercha pas à singer une célébration traditionnelle. Mais sa créativité permit à des laïcs, éloignés les uns des autres, et ne se connaissant pas, de vivre par écrans interposés un temps précieux d'écoute de leurs cheminements respectifs, de prier et de se préparer ensemble à recevoir le grand message matinal de Pâques.

Les éclaireurs ont une vertu, on pourrait dire un génie, commun et particulier : ils savent transformer des problèmes en solutions et créer des passerelles au lieu de creuser des fossés ou causer des problèmes. Faciliter la justice, la paix, la vie, c'est la manière humaine de faire briller la lumière dans les ténèbres.

5

L'ami

Le 8 septembre 1950, l'écrivain Jean Guitton rencontrait pour la première, à Rome, Jean-Baptiste Montini, alors haut-fonctionnaire de la Curie romaine. Ce dernier voulait le féliciter pour un livre qu'il avait écrit sur la Vierge Marie. Un livre qui avait valu à son auteur des remontrances par certains milieux de l'Église. Montini, lui, avait été intéressé de le lire et avait influé en hauts lieux – il était alors un proche collaborateur de Pie XII – pour que Guitton ne reçoive pas de « coup de crosse ». Ce jour-là, donc, ils se promirent de se revoir au moins une fois l'an, chaque 8 septembre, date mariale chère aux deux amis. Ils tinrent leurs promesses même quand Montini devint pape (1963-1978). Et quand Guitton demanda à ce dernier si un pape pouvait se lier d'amitié, il s'entendit répondre qu'il avait, comme n'importe quelle autre personne, des entrailles, un cœur, une sensibilité[1].

Une photo nous les montre devisant ensemble autour d'une table de jardin dans le parc de la résidence d'été des papes à Castel Gandolfo. Les deux hommes, pétris de culture mais aussi esthètes dans l'âme, savouraient ces heures volées au temps des représentations publiques durant lesquelles, sans protocole et en vérité, ils échangeaient sur les « questions éternelles » qui les intéressaient tous deux. Guitton écrivit trois livres sur son ami Montini. Le plus fameux est un livre-entretien qui fut le premier du genre dans l'histoire de la papauté moderne[2]. Dans un autre, Jean Guitton imagina Paul VI assistant à ses derniers instants et lui expliquant que l'important n'était pas de penser, de croire et de savoir, « mais d'aimer Dieu » de tout son cœur[3]. Quant au vieux pape, avant de s'éteindre le 6 août 1978, jour de la fête de la Transfiguration,

1. Cf. Gérard Leclerc, *Portrait de Monsieur Guitton*, Bartillat, Paris, 1998.
2. Jean Guitton, *Dialogues avec Paul VI*, *op. cit.*
3. Jean Guitton, *Mon testament philosophique*, Presses de la Renaissance, Paris, 1997.

il avait voulu, au prix d'ultimes efforts, se rendre sur la tombe d'un ancien prélat qui lui avait été agréable à ses débuts à la Curie, puis beaucoup plus défavorable. Il avait aussi tenu à relire des pages du livre sur Jésus de son ami Guitton. Pardon et fidélité : les deux versants de la colline de l'amitié que Montini gravit jusqu'à la limite de ses forces.

Cette grande amitié entre Guitton et lui, née sous un parrainage marial, dura vingt-sept ans sans interruption. Elle rappelle à temps et à contretemps que rien n'est plus beau et important, en ce monde, que d'aimer et d'être aimé. Les grandes amitiés, dont Paul VI, si on peut dire, fut un fervent collectionneur, servent aussi à nous rappeler la vraie hiérarchie et le vrai sens des choses en cette vie. Elles nous invitent également à reconsidérer à leur juste valeur les rites quand ils fécondent des heures belles, vivantes et fécondes dans notre existence.

Pour Paul VI, l'expérience de l'amitié était avant tout une école de la foi : celle où le disciple apprend à se transformer en ami de Jésus. L'amitié est ainsi un chemin spirituel : le chrétien l'expérimente comme une épiphanie, une manifestation heureuse de la présence de Dieu dans les relations humaines[1]. Pour le chrétien, vivre d'amitié est un ministère. Il vit sa relation amicale comme un service. Aelred de Rievaulx, moine cistercien du XIIe siècle, disait : « Dès lors qu'un être humain est ami d'un autre, il devient l'ami de Dieu. » L'amitié est un chemin qui favorise la rencontre du Christ vivant au milieu des hommes. Ce fut le chemin suivi par Jacques et Raïssa Maritain qui aimaient inviter, dans leur maison de Meudon, des personnalités diverses : célébrités ou inconnus, artistes, intellectuels, venus de tous horizons et de tous pays, croyants ou incroyants. Leur foyer d'accueil devint un foyer spirituel qui amena certains de leurs hôtes à cheminer vers la foi[2].

Cette vision de l'amitié comme apostolat, Paul VI la théorisera dans une exhortation célèbre en prenant en compte la difficulté d'annoncer l'Évangile dans un monde moderne où la foi chrétienne ne va plus de soi. Il écrit :

1. Cf. Jean-Marie Gueullette, *L'amitié, une épiphanie*, Cerf, Paris, 2004.
2. Raïssa Maritain, *Les grandes amitiés*, Desclée de Brouwer, Paris, 1941.

L'œuvre de l'évangélisation suppose, dans l'évangélisateur, un amour fraternel toujours grandissant envers ceux qu'il évangélise. Ce modèle d'évangélisateur qu'est l'apôtre Paul écrivait aux Thessaloniciens cette parole qui est un programme pour nous tous: «Telle était notre tendresse pour vous que nous aurions voulu vous livrer, en même temps que l'Évangile de Dieu, notre propre vie, tant vous nous étiez devenus chers» (1 Th 2, 8; cf. Ph 1, 8)[1].

L'humanisme évangélique

Dans l'Évangile de Jean, deux passages évoquent l'amitié comme chemin de rencontre avec le Christ et vertu essentielle du disciple missionnaire. L'un rappelle que les premiers apôtres furent d'abord des amis de Jésus, choisis par lui. «"Rabbi, où demeures-tu? — Venez et voyez", leur dit-il. Ils allèrent donc et virent où il demeurait et ils restèrent auprès de lui ce jour-là» (Jn 1, 38-39). José Tolentino Mendonça, prêtre et poète portugais élevé au cardinalat par

1. *Evangelii nuntiandi*, exhortation apostolique sur l'évangélisation dans le monde moderne, 8 décembre 1975, n° 79.

le pape François, est l'auteur d'un très beau livre sur l'amitié[1]. Pour lui, cet évangile souligne l'importance de nouer une amitié intime et journalière avec le Christ :

> « Rester avec », « demeurer », « accompagner » sont les secrets de l'amitié. Elle ne s'alimente pas de rencontres épisodiques ou de faits extraordinaires. Elle se déploie dans une continuité. Elle a la saveur de la vie quotidienne, des espaces familiers, du pain partagé, de l'intimité, des conversations détendues, des rires et des larmes, de l'hospitalité, de l'écoute[2].

L'amitié est une source d'enthousiasme sur la longue route où elle mène ceux qui la vivent en partage.

Dans le deuxième passage de Jean, c'est le Christ lui-même qui appelle amis ses disciples : « Vous êtes mes amis si vous faites ce que je vous commande » (Jn 15, 12). Or, dans le verset précédent, il leur recommande : « Aimez-vous les uns les autres comme je vous ai aimés.

1. José Tolentino Mendonça, *Petit traité de l'amitié*, Salvator, Paris, 2014.
2. Entretien donné au *Pèlerin* du 3 octobre 2014.

Il n'y a pas de plus grand amour que de donner sa vie pour ceux qu'on aime» (Jn 15, 12-13). La tradition chrétienne a retenu de cet épisode que l'amitié est plus qu'un élément de l'éducation humaine. L'amitié est le lieu par excellence de la formation d'un itinéraire spirituel. José Tolentino Mendonça explique :

> L'amitié que nous pouvons avoir avec Dieu, en Jésus-Christ, devient un modèle pour construire nos amitiés humaines. En nous rendant proches de l'ami intérieur, qui n'est autre que Dieu lui-même, nous recevons de lui l'amour pour aimer nos amis de manière juste[1].

L'amitié aide à chercher Dieu et du sens dans sa vie; elle aide aussi à affronter les duretés et les déceptions. L'amitié est porteuse d'un enthousiasme persévérant et réaliste.

Mais comment lier amitié avec nos adversaires, nos ennemis comme le demande impérieusement Jésus à ses fidèles, dans un sommet de l'Évangile de Luc : «Aimer vos ennemis, faites du bien à ceux qui vous haïssent» (Lc 6, 27) ?

1. *Idem.*

La question se pose face au déferlement de haine dans le monde, auquel nous assistons, terrifiés, par la fenêtre des médias. Ce déchaînement de méchanceté et de colère, nous le côtoyons nous-mêmes dans la société, sur les réseaux sociaux et jusque dans l'Église, comme s'en étonne dans un livre percutant le cardinal de Bologne, Matteo Zuppi[1]. À vue humaine, cela apparaît impossible de répondre à la haine par l'amitié. Mais impossible est-il vraiment humain ? En sommes-nous certains ? N'avons-nous pas plutôt peur de croire en nous, peur de nous comporter en témoins radicaux de l'humanisme évangélique ?

Pardonner à son bourreau

Pour ma part, je me souviens de Paul VI écrivant aux terroristes des Brigades rouges qui avaient séquestré son ami Aldo Moro :

1. *Odierai il prossimo tuo come te stesso. Perché abbiamo dimenticato la fraternità. Riflessioni sulle paure del tempo presente*, Piemme, Milan, 2019. Traduction française prévue par les Éditions Salvator au début de l'année 2021.

> Hommes des Brigades rouges, à moi qui suis l'interprète de vos nombreux concitoyens, laissez l'espoir que dans vos cœurs habite encore un sentiment victorieux d'humanité. J'en attends la preuve en priant et continuant néanmoins à vous aimer[1].

Je me souviens de Nelson Mandela et de Desmond Tutu : après avoir été eux-mêmes victimes des violences, des oppressions et des incarcérations arbitraires commises par le régime d'apartheid en Afrique du Sud, ils conduisirent, après l'abolition de celui-ci en 1991, Noirs et Blancs sur les chemins du pardon et de la réconciliation.

Je me souviens de Maïti Girtanner : jeune résistante au nazisme, elle fut arrêtée, déportée, torturée par un médecin allemand. Après la guerre, le besoin de se reconstruire l'incite à approfondir sa foi chrétienne. Elle y puise l'envie folle de pardonner à son bourreau. C'est lui qui l'appelle au téléphone un jour de 1984[2].

---

1. www.vatican.va/content/paul-vi/fr/letters/1978/documents/hf_p-vi_let_19780422_brigate-rosse.html.
2. Cf. Maïti Girtanner, *Même les bourreaux ont une âme*, Éditions CLD, Paris, 2006.

Je me souviens du numéro de matricule de déportée entraperçu sur le bras de Simone Veil tandis que nous parlions ensemble et des mots qu'elle prononça alors: «J'étais devenue une petite bête sauvage quand nous avons été libérés du camp. J'ai été sauvée par l'amour quand j'ai rencontré Antoine [Antoine Veil, son mari].»

Je me souviens de ces lignes écrites à l'encre bleue par de Gaulle, le 9 septembre 1967 sur le Livre du souvenir d'Auschwitz: «À Auschwitz, quelle tristesse! Quel dégoût! Et malgré tout, quelle espérance humaine!» Cette dédicace incomprise fit polémique. C'étaient les mots d'un chrétien.

Je me souviens que ces mots tambourinaient dans ma tête en visitant dans ce même camp les baraques et les chambres à gaz en ruines où furent exterminées Edith Stein et Etty Hillesum au milieu de leur peuple. Ils prirent tout leur sens quand je me trouvai devant la geôle du franciscain Maximilien Kolbe qui s'offrit pour mourir à la place d'un père de famille. Dans l'enfer concentrationnaire, il y eut des actes d'humanité suprême. Des gestes criant que Dieu n'y était pas tout à fait mort comme on l'a dit. Oh oui ! « Quelle espérance humaine ! »

Le Petit Prince et Roseline

La haine des juifs, la haine des musulmans, la haine des migrants, la haine des étrangers, la haine des jeunes des cités, la haine de l'adversaire politique : toutes ces haines sont loin d'avoir baissé la garde. Il importe par conséquent de faire sans cesse mémoire de ces témoins disparus qui ont répondu à la cruauté en laissant s'exprimer leur courage, leur pitié, leur amour, leur confiance. Il faut les admirer. Plus encore, il faut les modéliser dans nos vies pour s'inspirer de leur humanité exemplaire à l'heure de la montée des périls ; pour nous-mêmes ne pas nous transformer en ces « petites bêtes sauvages » qu'évoquait Simone Veil ; pour nous empêcher de progresser à « petits pas vers la barbarie[1] » dont les tragiques attentats du 11 septembre 2001, à New York, ont réveillé et

1. Cf. Guy Coq, *Petits pas vers la barbarie*, avec Isabelle Richebé, Presses de la Renaissance, Paris, 2002.

même, peut-être, accéléré le processus épouvantable et funeste.

Faire acte d'« amitié sociale », pour parler comme le pape François[1], dans l'océan d'inimitiés et d'hostilités environnantes, doit redevenir la priorité des disciples du Christ. Le chrétien digne de ce nom est par vocation un facilitateur de relations et de paix sociales. Le chrétien n'est ni un fauteur de problèmes, ni un causeur de divisions. Il est un médiateur dans l'âme, un passeur, un facilitateur de solutions. Non pas qu'il ne doive pas se battre pour ce qu'il croit. Il doit se battre, s'il est catholique (universel) pour ce qui est juste et bon pour la condition humaine. Jésus n'a pas dit avant son Ascension : « Faites des convertis, faites du chiffre pour remplir les églises ! » Il a dit : « Faites des disciples de l'amour et de l'amitié que j'ai eus pour vous. Et que j'ai eu même pour mes ennemis. » Tout le reste est donc secondaire. Quand la maison commune brûle et qu'on s'y invective et s'y entretue à l'intérieur, on a besoin d'eau pour éteindre le feu et de gardiens pour rétablir la

1. Pape François, encyclique *Fratelli tutti*, « Tous frères », Salvator, Paris, 2020.

paix, sinon on laissera derrière soi un champ de ruines, un monde sans amis, une humanité sans pitié et sans amitié.

« Ce qui embellit le désert, dit le Petit Prince de Saint-Exupéry, c'est qu'il cache un puits quelque part. » Un ami, c'est un puits. Le monde manque de puits. L'humanité manque d'amis. Certains – chrétiens ou non – n'ont pas attendu que sonne l'appel à la mobilisation générale pour se lever et agir. Roseline Hamel, par exemple, s'est engagée avec force dans le dialogue islamo-chrétien après le meurtre de son frère, le prêtre Jacques Hamel, assassiné le 26 juillet 2016 dans son église alors qu'il célébrait la messe. Elle s'est s'investie dans cette aventure d'amitié interreligieuse, avec une fougue et une vivacité dont elle me confia, un jour à Lourdes, qu'elles la surprenaient elle-même.

Il n'y a pas d'enthousiasme sincère qui n'ait été marqué par le signe et l'épreuve de la croix. C'est le secret de l'enthousiasme chrétien. L'expérience de la croix rappelle à temps et à contretemps que le seul vrai bonheur est un fruit du désert. Et puis, que ne l'oublie-t-on souvent, « l'Esprit souffle là où il veut ». L'amitié possible entre les hommes nous en donne la preuve la plus éclatante et la plus enthousiasmante.

6

L'optimiste

Sa vie durant, Jean-Baptiste Montini a été obsédé par la pensée de la mort. Elle faillit emporter son corps malingre à la fleur de l'âge. Il sentit prématurément son souffle glacial effleurer sa peau. La mort faucha aussi beaucoup de ses amis et connaissances, encore jeunes, sur les champs de bataille de la Première Guerre mondiale. Puis sous les bombardements, dans les salles de torture et les camps de déportation de la Seconde. Chargé par Pie XII d'organiser au Vatican la protection des réfugiés et des persécutés par le régime nazi, Montini contribua à sauver de nombreux résistants et Juifs. Il ne se prévalut jamais de son action clandestine. Mais à compter de cette tragédie de l'humanité dont il fut un témoin en première ligne, il ne cessa de voir dans l'homme contemporain l'homme des douleurs. Son empathie pour les opprimés, les victimes et les martyrs était extrême. Il se comparait lui-même à un sismographe enregistrant dans sa chair tous les séismes et catastrophes de la Terre. Paul VI porta les stigmates d'une humanité souffrant les prémices de l'ère de la mondialisation du fanatisme et du terrorisme. La gravité qui le dévisageait était l'empreinte charnelle de sa compassion blessée pour un monde qui ne l'était pas moins. On l'interpréta comme la marque d'une psychologie tourmentée. Le regard humain est souvent borgne comme celui d'un cyclope. Cette anxiété était en fait la marque d'un amour humanitaire hypertrophié. Elle s'ôta de ses traits, paraît-il, au moment du « grand passage ».

L'horreur quasi physique qu'inspiraient à Paul VI la guerre et la violence venait qu'elles voulaient faire accroire l'idée, brandie par des marchands de canons et des idéologues de tout poil, que la vocation normale de l'homme était d'être un loup pour l'homme. Montini n'a jamais voulu se soumettre à cette profession de foi cynique. Il s'est constamment opposé avec ses armes préférées, celles de l'esprit, à l'expansion de son empire et à son emprise sur les mentalités, y compris celles des catholiques. C'était en connaissant toujours mieux le Christ, répétait-il en chantre de la civilisation de l'amour[1], que l'on pouvait faire briller, comme une lumière sur le boisseau, la dignité humaine et sa grandeur bienfaisante. Il s'est souvent lamenté de voir des catholiques prendre pour argent comptant les théories d'Adam Smith ou de Karl Marx. Il souffrait de les voir à la remorque de modes et de doctrines mondaines ayant en commun le travers d'exciter le pouvoir de domination d'une population ou d'une classe sociale sur une autre. Comme son successeur Joseph Ratzinger, Montini redoutait la politisation de la foi et l'instrumentalisation de la religion par la politique. Il n'aimait pas qu'on confonde les trois ordres qui composent la réalité définie par son maître Pascal : l'ordre du corporel (l'extériorité), l'ordre du spirituel (l'intériorité) et l'ordre de la charité (le principe de vie suprême). La connaissance des idéologies

1. Le pape utilise cette expression pour la première fois le 25 décembre 1975, dans l'homélie de clôture de l'Année sainte.

était certes nécessaire à ses yeux pour acquérir une bonne intelligence des dialectiques dans lesquelles se démenait le monde à la recherche d'un salut. Mais l'idéologie pouvait être un opium dévastateur auquel les catholiques ne résistaient pas plus que les autres : pourquoi ne puisaient-ils donc pas davantage leur liberté de jugement et d'action en s'inspirant du sermon sur la montagne de Jésus (cf. Mt 5, 1-12 et Lc 6, 20-49) ? N'était-ce pas la mission de l'Église, des chrétiens, de réaliser ce catalogue de recettes du vrai bonheur et de témoigner par leur obéissance au réel et aux Béatitudes de la présence agissante du Christ dans l'histoire ? Aussi, pour résoudre les conflits, trouver des solutions justes et pacifiques, Montini préférait-il voir les catholiques suivre la voie de l'action non violente promue par Martin Luther King, Dom Hélder Câmara ou le dalaï-lama, qu'il s'empressait d'inviter au Vatican. C'est en se désarmant que la politique pouvait être, pensait Paul VI, la forme la plus noble de la charité.

Un alléluia vivant

Ce pape connut trois grands chagrins qui auraient pu le faire sombrer dans un pessimisme abyssal.

D'abord, la mort de son ami, le politicien italien Aldo Moro, enlevé puis abattu froidement par des terroristes d'extrême gauche. Il employa tous les moyens pour le sauver : des négociations secrètes, l'offrande de sa vie en monnaie d'échange et enfin une lettre ouverte invoquant la pitié et la clémence des ravisseurs. Peine perdue. Ils restèrent sourds à sa supplique, tout comme le Ciel demeura muet devant sa prière. Brisé au plus profond de lui-même, le pape mourut cinq mois plus tard, sans avoir prononcé la moindre parole désespérée envers les assassins ou envers Dieu qui ne l'avait pas exaucé.

Deuxième grand chagrin : au lieu du soleil printanier qu'il espérait voir se lever sur l'Église après le Concile, auquel il avait donné tant de ses forces pour qu'il aboutisse sans fracas, ce fut une violente tempête qui se déchaîna. Sa personne fut prise à partie par les deux camps rivaux qui lui reprochaient soit son excès de prudence soit son zèle réformateur. Les rejets dont il fut l'objet ébranlèrent sa personnalité hypersensible. Ils l'interrogèrent sur son efficience propre et son attachement viscéral à l'Église en souffrit.

Dernier grand chagrin : la rébellion anticonciliaire de Mgr Lefebvre mit durement à l'épreuve sa capacité de dialogue dont il avait fait la clé de sa vision d'une Église ouverte et de son apostolat personnel. L'échec cuisant de sa correspondance et de ses entretiens avec le chef de la minorité traditionnaliste attachée à la messe en latin du concile de Trente, mais, plus encore, hostile à l'œcuménisme, à l'interreligieux et à la liberté religieuse, altéra beaucoup le moral du pape, déjà affaibli par la maladie et la vieillesse. « Je continue ma messe », répondait-il à ses proches qui lui témoignaient leur compassion face aux calomnies et aux insultes qu'il écopait.

Ces trois chagrins, au milieu de tant d'autres, ont pesé lourd dans la vie de cet homme. Ils n'ont pourtant réussi ni à altérer sa foi, ni à entamer son enthousiasme qu'il exprima en 1975 dans un texte magnifique sur la joie chrétienne[1].

---

1. Exhortation apostolique *Gaudete in Domino*, « Réjouissez-vous dans le Seigneur », 1975.

Le secret de son enthousiasme à toute épreuve ? On le trouve dans un autre texte antérieur d'une dizaine d'années. Intitulé *Pensée sur la mort*[1], il est le testament spirituel rédigé par Montini, sous la forme de notes manuscrites, deux ans après son élection papale. Il en ressort deux convictions essentielles.

La première est que Dieu tient toujours ses promesses. L'auteur l'a vérifié en lisant la Bible, mais aussi en relisant sa propre existence. Ce Dieu en qui il croit, n'a-t-il pas cru en lui davantage que lui-même ? Lui, le timide et l'introverti, n'a-t-il pas été choisi pour faire aboutir le Concile et initier l'Église à la complexité du monde moderne ? Dieu n'a-t-il pas misé plus que lui sur ses possibilités personnelles en le gratifiant d'événements qui l'ont aidé à se former et à s'exposer, le plus considérable ayant été sa rencontre avec le Christ ? La prise de conscience d'avoir été aimé au zénith et sans condition donne à ce testament, non pas une tonalité nostalgique, mais l'allégresse d'un chant d'action de grâce.

1. Cf. Carlo Maria Martini, *L'homme spirituel*, Salvator, Paris, 2020. Cet ouvrage contient le texte intégral de *Pensée sur la mort* et sa présentation par le cardinal Martini.

La deuxième conviction qu'exprime cette hymne à la joie, pour reprendre le nom d'une symphonie célèbre que Montini affectionnait, est que la Création est à savourer comme un avant-goût de la vie en abondance que Dieu nous prépare. Faut-il que nous soyons pressés ou distraits à ce point pour ne pas voir les cadeaux quotidiens que nous offrent la nature et le génie humain ? Faut-il que nous soyons égoïstes et autocentrés à ce point pour ne pas voir tout l'or du monde ruisseler comme un trésor offert dans les yeux des enfants, des anciens, des amoureux, des artistes et des pauvres ? Montini, envisageant sa fin terrestre, regrette tous ces moments de distraction où il vécut de manière trop fugace, en immortel inattentif, indifférent et ingrat. Oui, écrit-il en substance dans son testament, il faudrait vivre chaque jour comme si on devait mourir demain. Non pas avec la peur du lendemain au ventre, mais par souci d'être déjà sur cette terre un cri de louange, un alléluia vivant.

Le christianisme est optimiste

Jean Guitton a recueilli la définition de l'« optimisme chrétien » de la bouche même de son ami :

> Le christianisme n'est pas une religion puritaine, abstentionniste, tendant à se conserver elle-même en s'isolant des réalités où s'agite l'humanité. Il est fait pour l'humanité. Il est la religion de l'humanité. Il a pour mission de pénétrer les collectivités et les consciences individuelles, pour les renouveler, les vivifier. Il est la lumière du monde, le ferment, au besoin combatif, de l'esprit. Il ne sous-estime pas la force de la masse, vise à la convaincre, à la servir. Il a le génie de la réforme et de la nouveauté, autant que celui de la tradition et de la fidélité. Je dirais que le christianisme est tendu vers sa propre réforme, et vers la réforme du monde. Il est insatisfait par essence. Mais il est optimiste[1].

Dans l'Évangile, l'optimisme chrétien peut se ressourcer dans l'épisode de la conversion de Zachée (Lc 19, 1-10). On y voit un publicain

1. Cf. Jean Guitton, *Dialogues avec Paul VI, op. cit.*

qui, pour assouvir sa curiosité et voir Jésus malgré sa petite taille, se perche au sommet d'un sycomore. Jésus, le voyant, s'invite chez lui, au grand dam de la population choquée qu'il fréquente : ce collecteur d'impôts de mauvaise réputation ne s'est-il pas enrichi en volant d'honnêtes gens ? Mais Zachée, touché par la grâce, fait publiquement amende honorable. Jésus exprime alors son admiration en déclarant : « Aujourd'hui, le salut est arrivé pour cette maison... » La conversion de Zachée lui inspire une joie profonde, explicite, un enthousiasme similaire à celui qu'il manifeste devant la femme cananéenne : « Ta foi est grande » (cf. Mc 7, 24-30 et Mt 15, 21-28). Si le Dieu des chrétiens est capable d'admirer la noblesse humaine, que n'attendent ceux qui le confessent pour faire de même ? Que n'attendent-ils pour témoigner de leur optimisme sur la nature humaine, quand celle-ci se surpasse pour sauver, soigner et consoler les victimes des catastrophes naturelles, des épidémies et des attentats qui frappent sans pitié la terre des hommes ? Que n'attendent-ils pour s'émerveiller d'appartenir à cette humanité capable de renverser des tyrans de leurs trônes et de relever des oubliés et des humiliés ? Qu'attendons-nous pour être des émules de l'« humanité merveilleuse de Marie[1] » chantant le *Magnificat* malgré sa grossesse illégitime pour la Loi juive et les risques qu'elle encourait ? Qu'attendons-nous pour faire comme Zachée et susciter l'admiration et l'enthousiasme de notre Dieu, en nous convertissant à notre tour à l'esprit de pauvreté, au sens du partage et du pardon ? Sommes-nous capables d'entendre vraiment, après l'attentat criminel commis dans la basilique Notre-Dame de Nice, l'appel lancé par le pape François au peuple français à « réagir, unis, au mal par le bien[2] » ?

Zachée, qui n'était pas un disciple du Christ, nous le rappelle : les chrétiens n'ont pas le monopole de l'optimisme. Mais ils devraient en être des artistes à la façon des saints. À toutes les époques sombres de notre histoire, il s'est levé des créateurs, des poètes et des interprètes de la beauté pour exalter la face merveilleuse et généreuse de l'humanité. Sans remonter loin dans le temps, nous avons connu en France,

1. Selon le titre éloquent du livre qui ne l'est pas moins de Monique Durand-Wood, *Merveilleuse humanité de Marie*, paru chez Salvator en 2020.
2. Cf. communiqué du Saint-Siège du 29 octobre 2020.

après une sévère défaite militaire et une collaboration avec l'occupant honteuse autant que douloureuse, une icône magnifique de l'enthousiasme : Gérard Philipe. Comédien talentueux servi par une voix au timbre enchanteur et un visage d'ange, il a prouvé, dans un pays sortant de l'opprobre, essoré par un drame collectif ayant semé la division jusque dans les familles, que l'amour existait toujours, que la jeunesse, la pureté et l'enthousiasme pouvaient vaincre la mort[1]. Disparu à 37 ans, il y a plus d'un demi-siècle, son mythe n'est pas mort, et il ne mourra pas, car il incarne la beauté incandescente de la vie.

Près de chez moi, en Picardie, une abbaye cistercienne, conservée intégralement depuis le XVIIIe siècle, témoigne, elle aussi que la mort n'a pas de prise sur l'enthousiasme humain. À la fin de la Première Guerre mondiale, une infirmière de la Croix-Rouge française, Thérèse Papillon, releva les bâtiments de leurs ruines pour y créer un préventorium pour les enfants souffrant de la tuberculose. Pendant la Seconde

1. Cf. Jérôme Garcin, *Le dernier hiver du Cid*, Gallimard, Paris, 2019.

Guerre mondiale, elle entra dans la Résistance et cacha des enfants juifs dans l'abbaye, malgré l'omniprésence de l'occupant dans la région. Elle reçut à titre posthume la médaille des Justes par l'État d'Israël. Après sa mort, son œuvre s'est poursuivie à travers une Maison d'enfants à caractère social (MECS). Vingt-cinq mille jeunes en difficulté ont pu ainsi trouver dans ce joyau de l'architecture classique une pause réparatrice dans un parcours précaire et parfois traumatique. « Il faut vivre les mains vides pour mourir les mains pleines », disait la fondatrice Thérèse Papillon. Les restes de cette optimiste intrépide reposent sous une dalle dans la chapelle abbatiale, près de l'orgue sur lequel aimaient venir jouer deux musiciens virtuoses, deux artistes généreux et débordants d'inspiration, le compositeur Jehan Alain et sa sœur Marie-Claire qui fut une organiste de renommée internationale…

Trésor patrimonial, l'abbaye de Valloires draine chaque année, à la belle saison, un flux important de visiteurs. Il ne faudrait pas qu'ils oublient de visiter cet autre trésor qu'est l'esprit de ce lieu. Car ces pierres séculaires délivrent aussi un message spirituel. Que dit-il ? Que la vie est toujours un combat. Un combat qui remporte de belles batailles quand il est mené par l'optimisme, par une vision claire de ce que nous pouvons faire de grand, de beau, de généreux en ce monde, malgré la conscience que nous avons de notre finitude existentielle. Cette abbaye en est un héritage et un témoignage magnifiques : elle s'est relevée de plusieurs morts successives, car l'enthousiasme des moines qui l'ont bâtie dans cette vallée où coule l'Authie a perduré diversement, défiant les méandres du temps et les désordres de l'histoire, pour s'incarner aujourd'hui dans des éducateurs qui s'occupent d'enfants en difficulté.

L'optimisme est un trésor de bienfaits pour l'humanité. L'optimisme est le tréfonds du christianisme. C'est pourquoi, disait Jean-Baptiste Montini, le christianisme « est fait pour l'humanité. Il est la religion de l'humanité ».

Épilogue

Garder l'enthousiasme

Nous avons évoqué dans les pages précédentes six postures inspirées par des figures secourables pour temps de crises. Elles peuvent nous aider en effet à retrouver l'enthousiasme quand la confusion et l'affolement se saisissent de notre vie et de la société. L'une de ces figures nous a servi de fil rouge, celle de Jean-Baptiste Montini qui invite, en paroles et en actes, « à garder la douce et réconfortante joie d'évangéliser, même lorsque c'est dans les larmes qu'il faut semer[1] ».

Avant de laisser reposer un peu ce livre, rappelons-nous ces six attitudes caractéristiques d'un missionnaire enthousiaste de l'Évangile qui laisse son cœur battre au rythme du monde :

---

1. Cf. l'exhortation apostolique *Evangelii nuntiandi.*

1. Le pèlerin : il se rend proche des lointains, comme le bon Samaritain de la parabole devenue paradigmatique du concile Vatican II. Il se souvient activement que, dans l'Évangile, Jésus est sans cesse en quête de ceux qui sont éloignés de sa religion, de sa culture et aussi de l'Évangile qu'il prêche. Le pèlerin ne se satisfait jamais du monde ou de l'Église tels qu'il les trouve. Comme le Christ l'appelle, il marche sans relâche vers sa conversion personnelle et la réforme des institutions et du monde pour que celui-ci devienne plus beau, plus humain à son contact.

2. L'urgentiste : il brûle de l'impatience d'annoncer l'Évangile par le témoignage de toute sa vie. Il agit en écho à l'avertissement de saint Paul : « Malheur à moi si je n'annonçais pas l'Évangile ! » Comme les médecins dépêchés en catastrophe au chevet de patients en situation extrême, l'urgentiste assume la mission thérapeutique de « l'hôpital de campagne[1] » que forme l'Église. Il est à la disposition de tous et pas seulement des croyants. Il offre son

1. Montini, alors archevêque de Milan, puis le pape François ont utilisé successivement cette métaphore pour parler de la mission prioritaire de l'Église.

accompagnement sans prosélytisme ni arrogance. Et il se laisse aussi enseigner par ceux qu'ils soignent, car ils reflètent le visage du Christ.

3. Le voyant: il cherche opiniâtrement l'homme en Dieu et Dieu en l'homme, car pour connaître Dieu, il faut connaître l'homme. Et pour connaître l'homme, il faut connaître Jésus, visage humain de Dieu. Le voyant est un contemplatif en visitation qui calque son regard sur celui de Jésus, omniprésent dans l'Évangile de Luc. Il déploie un regard sans œillères, capable de s'adapter à la diversité humaine et à la multitude des chemins. Il est en même temps un signal d'écoute et de solidarité pour les chercheurs de sens et les incroyants de son temps. Car il mûrit sa foi à l'épreuve de ses doutes, de ses incertitudes et dans ses rencontres bienveillantes avec le vaste monde de l'incroyance.

4. L'éclaireur: il brille de l'intérieur, semblable à une lampe sur un candélabre. « Elle brûle et se consume seule. Mais elle a une fonction: celle d'éclairer les autres. Tous les autres si possible » (Paul VI). L'éclaireur n'a pas besoin de rassemblements éblouissants pour capter

l'attention : il va là où les obscurités sont les plus criantes et où l'on crie le plus à l'aide. Il éclaire avec sa bougie les brèches de l'histoire comme Marie Skobtsov[1], Pierre Claverie[2] ou Roberto Malgesini[3], et il révèle leur lumière intérieure, souvent ignorée, aux « inconnus de la douleur », oubliés et marginalisés, comme le font déjà, dans la simplicité et la proximité, les aumôniers de prisons, d'hôpitaux, d'orphelinats, de camps de réfugiés, etc. L'éclaireur est une « lanterne du bon Dieu ». Et sa « madeleine de Proust » se nomme Madeleine Delbrêl.

5. L'ami : il prend au sérieux la promesse de Jésus : « Je vous appelle mes amis » (Jn 15, 15). Tout son effort est de se transformer de disciple

1. Marie Skobtsov, moniale orthodoxe, a été déportée au camp de concentration de Ravensbrück après avoir sauvé des enfants juifs de la rafle du Vél'd'Hiv ; elle y est morte en 1945 après avoir illuminé de sa charité ses camarades de cellule. Elle est une sainte orthodoxe.
2. Pierre Claverie, religieux dominicain et évêque d'Oran, a été tué en 1996 dans un attentat après avoir été un valeureux artisan du dialogue islamo-chrétien durant la guerre civile en Algérie.
3. Roberto Malgesini, prêtre catholique italien, très investi dans l'accueil des migrants, a été poignardé mortellement à l'âge de 51 ans par un sans-abri, à Côme, le 15 septembre 2020.

en ami pour créer à son tour des cercles d'amitié comme le faisaient les premières communautés chrétiennes. Elles stupéfiaient les citoyens de l'Empire romain (la mondialisation de ce temps-là) par leurs largesses pour les pauvres et les affligés et par leur capacité à partager entre eux les responsabilités et les biens: «Voyez comme ils s'aiment!», disaient ébahis leurs adversaires païens. Car cet ami ne veut pas du bien que pour ses amis. L'ami de Jésus est un facilitateur de liens et de solutions pour l'ensemble de la collectivité humaine. Son amitié est désintéressée, c'est une «amitié sociale», l'autre nom donné à la fraternité par le pape François[1]. Ce but implique de sa part une bonne dose de foi, de cran et d'optimisme.

6. L'optimiste: il est animé par la «joie imprenable» de prendre au sérieux les promesses de Dieu. Elle lui procure une double ration d'optimisme: la première est de considérer cette vie terrestre, certes passagère et parfois contrariante, comme un avant-goût de la vie éternelle qui lui est promise. La seconde consiste à vivre le plus intensément possible comme si on devait

1. Cf. encyclique *Fratelli tutti*, «Tous frères», *op. cit.*

mourir demain. Les épreuves, les échecs, les déceptions sont des signes de la présence de la Croix dans notre existence. Ils ne sont pas des démentis à la réalisation de la promesse selon laquelle l'expérience inouïe du matin de Pâques est aussi notre destinée. « Aimons-nous vivants, n'attendons pas que la mort nous trouve du talent », disait le couplet d'une chanson populaire des années 1980. L'optimiste est impatient de réaliser ses talents pour être, déjà dans ce monde, un alléluia vivant.

*

Après ce récapitulatif, il est normal de se demander : et maintenant, comment garder l'enthousiasme que ce petit livre aura invité à retrouver ? La question se pose avec d'autant plus d'acuité que nous traversons une période historique défigurée par une accumulation de catastrophes, de scandales et de deuils. En revisitant les mots et les actes des figures pour temps de crises qui nous ont accompagnés dans ce livre, trois recommandations principales semblent émerger et s'imposer.

L'art de la contemplation

La première est de retrouver l'art de la contemplation. L'art plus que la pratique. Car l'art de la contemplation façonne un style de vie, une manière d'être dans le monde qui se remarque sans avoir besoin de l'extérioriser, encore moins de l'exhiber. La contemplation favorise l'intimité avec Dieu. Mais elle est aussi une école formidable d'empathie pour autrui. L'art de la contemplation rend vulnérable à la soif d'amour de Dieu. À ce sujet, Sylvie Germain écrit :

> Dieu mendie sa demeure dans l'esprit des hommes. Mais parce qu'il mendie comme les plus pauvres parmi les pauvres, sans faire spectacle, sans haranguer et encore moins invectiver, rares sont ceux qui le perçoivent ainsi enfoui dans un obscur recoin de leur être. Or c'est pourtant du fond de ce sombre réduit qu'irradie la lumière et sourd le chant de fin silence[1].

L'art de la contemplation nous rend aussi vulnérables à la soif d'amour de nos semblables.

---

1. Sylvie Germain, *Les échos du silence*, Desclée de Brouwer, Paris, 1996.

« Seul un moi vulnérable peut aimer son prochain[1] », dit le philosophe Emmanuel Levinas. Pour traverser les moments difficiles, les épreuves, il faut renouer avec la sagesse. La contemplation, la prière méditative à partir d'un texte, d'une image, d'une musique, ou simplement face à un paysage peut apporter le calme dont nous avons besoin pour ne pas réagir de manière impulsive et puérile à ce qui nous heurte en provenance de l'extérieur. Pour préserver notre « homme intérieur », la contemplation est propice à apaiser notre « homme extérieur » livré aux tempêtes et aux crachats du monde. Une scène du film *Des hommes et des dieux* présente Michael Lonsdale, dans le rôle du moine médecin Luc, en train de caresser et d'embrasser une image du *Christ aux outrages* du Caravage. Cette séquence bouleversante, qui fut complètement improvisée, peut servir de modèle de contemplation en cette période où tout autour de nous semble s'écrouler dans la douleur et la fureur.

1. Emmanuel Levinas, *Entre nous. Essais sur le penser-à-l'autre*, Grasset, Paris, 1991.

Avant de s'endormir et à son réveil, le théologien tchèque Tomas Halik confie qu'il a pris l'habitude de méditer une icône qu'il a placée au-dessus de son lit. Elle représente le Christ montrant ses blessures. Il explique :

> Les blessures de Jésus sont la porte vers le ciel. Et les blessures de notre monde sont les blessures de Jésus : la pandémie, la crise écologique, la pauvreté, les attentats terroristes, les abus dans l'Église, la barbarie du quotidien[1].

Pour garder l'enthousiasme, continuer à aimer la vie et le monde, il est capital de développer l'art de la contemplation. Car la contemplation est l'antichambre d'une action subordonnée à des objectifs justes et sages. « Prier, c'est veiller dans l'attente de la lumière », rappelait Paul VI.

La relecture de vie

La deuxième recommandation est de relire régulièrement sa vie à la lueur des Écritures.

1. Entretien accordé à *La Croix* le 1er juin 2020.

L'une des étymologies du mot religion est *relegere*, c'est-à-dire « relire ». Le croyant est une personne qui prend le temps de relire les événements de sa journée, de sa vie pour y distinguer les signes de la présence de Dieu. Ce temps de discernement est une activité importante de la vie quotidienne du moine et de la moniale. De même, la lecture du bréviaire permet aux prêtres de se recueillir à certains moments de leur journée dans la parole de Dieu et d'examiner leur trajectoire quotidienne. Depuis le Concile, la lecture du bréviaire est accessible à tous les baptisés. Individuellement ou en groupe, la révision de vie aide à mettre en cohérence sa foi et sa vie. Se retirer temporairement de son activité pour faire le point sur sa manière d'être n'est pas chose aisée dans une société très dépendante du flux permanent des informations et des décisions qu'accélèrent les progrès permanents des technologies numériques de pointe. Se déconnecter peut prendre dès lors l'allure d'un acte subversif quand il permet de se replacer face à soi-même et face à Dieu. Agir selon l'esprit du Christ, expliquent des théologiens[1], implique

1. Cf. Alain Thomasset, *Interpréter et agir*, Cerf, Paris, 2011.

d'étudier la parole de Dieu et la tradition de l'Église, mais aussi de lire son propre parcours de croyant. Une théologie de la biographie serait ainsi à développer alors que la standardisation des modes de vie tend à transformer nos sociétés, faites de diversités humaines, en sociétés peuplées d'anonymes.

La relecture de vie s'associe nécessairement à la découverte de ce que lisent, écoutent, regardent nos contemporains. On ne peut pas habiter le monde dans lequel on vit si on déserte les demeures culturelles – livres, films, musiques, images – qu'ils fréquentent. « Connaître l'homme pour connaître Dieu » : sans cette curiosité pour nos semblables, nous ne pouvons pas entrer pleinement en dialogue avec le monde où nous vivons. Le chrétien doit se faire parole, message et conversation avec ses contemporains. Celui qui dit qu'il connaît Dieu et qui ne connaît pas ses contemporains est un menteur. Tout ce qui peut stimuler l'intelligence du monde augmente l'intelligence de la foi. Face au déferlement de mensonges et d'invectives sur les réseaux sociaux, qui entrave les promesses de dialogue de cette technologie, une lecture spirituelle des événements, des « signes des temps », s'impose aux chrétiens qui entendent demeurer des personnes libres, des croyants enthousiastes et des citoyens clairvoyants. Elle peut les aider sûrement aussi à offrir des réponses plus inspirées et ajustées aux soifs spirituelles et existentielles contemporaines qui s'évadent du christianisme pour aller voir du côté des religions orientales, des écoles de yoga et des techniques de développement personnel qui connaissent de nos jours un engouement phénoménal.

Fais-toi proche des autres

La troisième recommandation est qu'il est temps de se faire proche des autres. Il est venu, le temps de la proximité. Tomas Halik explique :

> C'est un devoir spirituel que nous ne pouvons déléguer à aucun des instruments techniques de notre expansion, de notre domination du monde. Mais comment la proximité peut-elle naître ? Cette question n'est en réalité qu'une variante de celle que les pharisiens avaient posée à Jésus : qui est

> mon prochain ? Et la réponse est la même : fais-toi proche des autres[1] !

Nous revoici placés devant la parabole du bon Samaritain. Paul VI l'avait considérée comme l'histoire paradigmatique du Concile et de l'apostolat chrétien dans le monde moderne. Elle se fonde sur l'empathie humaine qui ne serait qu'un très pâle reflet de celle immodérée que Dieu a pour sa Création. Au tout début de sa constitution pastorale, le Concile invite solennellement le peuple des baptisés, clercs et laïcs associés, à vivre cette expérience de l'empathie comme étant constitutive de leur vocation et de leur envoi en mission :

> Les joies et les espoirs, les tristesses et les angoisses des hommes de ce temps, des pauvres surtout et de tous ceux qui souffrent, sont aussi les joies et les espoirs, les tristesses et les angoisses des disciples du Christ, et il n'est rien de vraiment humain qui ne trouve écho dans leur cœur[2].

1. Cf. Tomas Halik, *Donner du temps à l'éternité*, *op. cit.*
2. Constitution pastorale de l'Église *Gaudium et spes*, 1965, n° 1.

À l'époque du Concile la virtualisation de l'information et de la communication n'avait pas les degrés de sophistication et d'influence qu'elle a atteints en ce début du XXIe siècle. Et cependant, comme l'avait pressenti Heidegger, « la technologie a dépassé toutes les distances mais n'a créé aucune proximité ». Nous sommes témoins de cette réalité terrifiante où il n'y a jamais eu autant de personnes crevant de solitude dans un monde aussi hyper-connecté que le nôtre !

L'un des principaux défis à relever par les chrétiens est de demeurer des témoins de l'Incarnation et donc de veiller à la prédominance des relations humaines dans une civilisation transhumaniste capable de remplacer les hommes par des robots. L'empathie sert à se mettre à la place de l'autre. Pas à le remplacer. Saint Benoît s'exclamait devant les hôtes de son monastère : « C'est Pâques quand je te vois. » Autrement dit, c'est le Christ ressuscité que j'accueille. L'empathie peut être une source de grande joie comme de grande affliction. Mais c'est à ce prix que je deviens vraiment pèlerin de l'Évangile. Ce temps de crises, de grandes confusions, détresses et solitudes que nous vivons durement est aussi le temps de l'opportunité, le temps de la maturité pour accomplir quelque chose de bon, sinon de meilleur : « Me faire plus proche des autres. »

Pour conclure, mais surtout pour s'armer de courage et engranger de l'enthousiasme, nous lirons une prière de Jean-Baptiste Montini. Elle date de 1957 et elle a pour destinataires des laïcs engagés dans l'apostolat. Il l'a écrite quand il était archevêque de Milan. Son grand projet était de relancer l'annonce de l'Évangile dans cette grande capitale industrielle et intellectuelle du nord de l'Italie, une mégapole déjà bien déchristianisée et dévorée par les idéaux matérialistes et consuméristes. Il organisa durant un mois une sorte de « JMJ » avant l'heure à laquelle il convoqua les catholiques de son diocèse de tous âges, de toutes sensibilités et de toutes conditions. On organisa des tribunes, des colloques, des conférences, des grand-messes ; on tendit des perches au monde ouvrier, aux hommes d'affaires, aux artistes et aux intellectuels… Cette gigantesque mobilisation n'eut pas les résultats escomptés et laissa en définitive Montini sur sa faim. On construisit certes un nombre impressionnant d'églises flambant neuves. Mais les paroisses et les mouvements continuèrent à manifester des signes de fatigue et à se dépeupler.

Montini comprit alors que parler de Dieu dans un monde idolâtrant la technique, la finance et la primauté du choix individuel n'était pas une partie facile. Loin de là ! Il réalisa que le mur d'incompréhension et même d'hostilité qui s'édifiait entre la culture moderne et le catholicisme serait difficile à renverser, sinon à ébrécher. Il fallait donc, non pas resservir des schémas anciens, mais réinventer un nouveau langage pour parler de Jésus-Christ ; il fallait, non pas bouder ou maudire la modernité, mais comprendre plus à fond les ressorts de la culture moderne ; il fallait, non pas se crisper sur une ligne traditionnelle respectable mais dépassée, mais ressusciter l'enthousiasme évangélique des origines. Imaginer un style de vie chrétienne moins conflictuel, plus en empathie avec « l'homme de douleur » qu'est l'homme contemporain, à la fois grisé par toutes ses conquêtes, mais comme vidé de l'intérieur. C'est pourquoi, devenu pape, sa première décision, contre l'avis de beaucoup d'évêques hostiles à cette réforme de grande ampleur, fut de continuer le Concile initié par Jean XXIII. On connaît la suite. L'euphorie puis les désillusions. Et maintenant, après des décennies de dynamisme apostolique (Action catholique, mouvement charismatique, communautés nouvelles, nouvelle évangélisation et JMJ), on constate une accélération fulgurante du processus de sécularisation dans toute l'Europe et en particulier en France.

Il faut donc lire cette prière avec modestie, compte-tenu des réalités que nous venons d'évoquer. Cette prière est elle-même modeste ; elle contient des infirmités et des ellipses conjoncturelles : rédigée en 1957, elle est, par exemple, antérieure à l'essor du bouddhisme, des évangéliques et du dialogue interreligieux, notamment avec le judaïsme, que nous connaissons maintenant. La modestie est, rappelons-le, la qualité principale de l'enthousiaste. Mais elle n'entrave pas le feu de Dieu communicatif qui le déborde, à l'instar de cette prière.

Ensuite, il faut la dire, cette prière, avec gravité, car ce qu'elle promet à ceux qui prennent au sérieux son message, c'est une forme de martyre au sens premier du terme : ils seront les témoins d'une cause nécessaire, d'une mission urgente, mais au risque d'être des « serviteurs inutiles» (cf. Lc 17, 5-10). C'est faire ainsi l'expérience de la Croix – l'insuccès et l'adversité – sans laquelle l'enthousiasme n'est pas chrétien.

Enfin, il faut méditer cette prière en comprenant bien qu'elle ne demande rien à Dieu. Elle dit «nous». Elle n'implique que nos volontés, nos dévouements et nos talents. Avec évidemment le recours de l'Esprit, cet oiseau de feu divin dont nous savons que sans lui nous ne sommes «qu'un cuivre qui résonne, une cymbale retentissante» (1 Co 13, 1). «Mettez l'Esprit au sommet de votre culte!», conseillait Montini aux catholiques tentés de baisser les bras face aux travaux d'Hercule qui se dressent devant eux.

Mais ce faisant, cette prière fait le même pari que Dieu. Ne l'oublions-nous pas souvent? Dieu, le Père de Jésus-Christ, notre Père, a le culte de l'homme. Il croit en l'homme, sa créature, infiniment plus que l'homme ne croit en lui-même. Cette pensée-là, qui sous-tend cette prière et obsédait son auteur, ne devrait plus non plus nous quitter. Elle donne tant de force et d'assurance! Être aimé, se savoir aimé est plus fort que tout. Même et surtout en ces heures sombres et incertaines que nous traversons. Car c'est cette pensée, et elle seule, qui peut transformer notre désenchantement, notre tristesse, en enthousiasme lucide et contagieux. Et notre vie, en une hymne d'action de grâce.

Prions maintenant avec Jean-Baptiste Montini pour garder, comme lui, « en tout chemin, en tout lieu », l'enthousiasme. Mieux ! Prions pour que l'enthousiasme nous garde :

> Nous aimerons ceux qui nous sont proches,
> ceux qui sont éloignés de nous.
> Nous aimerons notre patrie, nous aimerons celle des autres.
> Nous aimerons nos amis, nous aimerons nos ennemis.
> Nous aimerons les catholiques, nous aimerons les schismatiques,
> les protestants, les anglicans, les indifférents,
> les musulmans, les païens, les athées.
> Nous aimerons toutes les classes sociales,
> mais surtout celles qui ont le plus besoin d'aide, de secours et de promotion.
> Nous aimerons les enfants et les vieillards,
> les pauvres et les malades.
> Nous aimerons ceux qui se moquent de nous et nous persécutent.
> Nous aimerons ceux qui nous méprisent,
> ceux qui s'opposent à nous,

ceux qui méritent d'être aimés et ceux qui ne
le méritent pas.
Nous aimerons nos adversaires :
ils sont hommes,
et nous ne voulons en tenir aucun
pour ennemi.
Nous aimerons notre temps, notre civilisation,
notre technique, notre art, notre sport,
notre monde.
Nous aimerons en nous efforçant
de comprendre, de compatir,
d'estimer, de servir, de souffrir.
Nous aimerons avec le cœur du Christ,
nous aimerons avec la plénitude de Dieu[1].

1. Prière « Nous aimerons », in Paul VI, *C'est beau de prier*, *op. cit.*

Table

DU MÊME AUTEUR

(suite)

L'évêque et le sociologue. Croire à l'aube du XXIe siècle, entretiens avec Mgr Gérard Defois et Patrick Michel, Éditions de l'Atelier, 2004.

Les chrétiens et la mondialisation, avec Pierre Vilain, Desclée de Brouwer, 2002.

André Malraux, l'aventure de la fraternité, Desclée de Brouwer, coll. « Témoins d'humanité », 1996.

Je danserai pour toi, avec Mireille Nègre, Desclée de Brouwer, 1984

Préface

Archibald Joseph Cronin, *Romans*, Presses de la Cité, coll. « Omnibus », 1993.

Autres publications

50 clés pour comprendre la vie monastique, hors-série du *Pèlerin*, mars 2010.

Les moines. Quel est leur secret?, hors-série de *La Vie*, septembre 2010.

CET OUVRAGE A ÉTÉ COMPOSÉ
PAR ATLANT'COMMUNICATION
AU BERNARD (VENDÉE).

ACHEVÉ D'IMPRIMER EN FRANCE
EN DÉCEMBRE 2020
SUR LES PRESSES DE CORLET IMPRIMEUR
14110 CONDÉ-EN-NORMANDIE

Imprimé en France
Dépôt légal : janvier 2021
N° d'imprimeur : 20120451